別再假裝自己沒事了！

唯有正視憤怒、悲傷、失落與不安，
才能跳脫情緒的迴圈

關屋裕希

前言～「避免感情用事」、「壓抑自己的情緒」用這種方式與情緒相處，太不值得了！～

「現代人處在一個壓力社會。」

或許你已經聽膩了這種說法，不過依據日本厚生勞動省的調查，確實有約六成的人會在工作中感受到沉重的壓力！而且近二十年來都是維持著這種比例。即使已明確指出「現代人正處於壓力社會！」，但感受到壓力的人口比例卻絲毫未減。

你是否也有過以下煩躁的感覺呢？

「太在意周圍目光、評價，而無法展現自我。」
「覺得跟不上外界的變化，而感到不安。」
「總是被期限追著跑，讓心情難以得閒。」
「明明努力付出，卻像是徒勞無功。」
「有時候會莫名覺得空虛。」

「雖然每天拚命撐著，其實活力已呈現枯竭狀態。」
「對主管、同事、顧客感到煩躁，也厭惡那樣的自己！」
「受不了做不好、拿不出成果的自己。」
「雖然勞動改革改變了制度和方式，不過其實要徹底轉換談何容易。」
「雖然沒有碰到很痛苦的事，卻也沒有讓人開懷大笑的事。」
「擠不出自己的時間，總是處於緊繃狀態。」

……等等諸如此類。

以前，工作時會區分成想企劃的人、製作資料的人、發表簡報的人，再去分配各自的任務，但隨著ＩＴ化的發展，漸漸變成一個人就得扛下全部的事情。如果在某個環節卡住，就會被視為「無法勝任工作的人」。

只求成果而讓壓力漸增……明明時間一點也不充裕，卻因為勞動改革而要求你「早點回家」。

像「建設新大樓」、「販售新商品」這種能看見成果的工作日益減少，讓人很難有成就感，感覺就像搭上沒有終點的列車一樣。

混亂感日益增加，對工作的幹勁似乎也逐漸消失……。

你是否陷入了這樣的惡性循環？

舉辦壓力管理相關的演講、研習至今，我聽了三千位以上勞工們的心聲。其中，最常聽到的煩惱是這個：

「一想到這個混亂感可能會一直持續，就覺得很討厭。卻又不知道找誰商量、自己到底該怎麼做？」

與以前相比，對精神健康有所作為的企業已有增加。日本於2015年勞動安全衛生法修正後，壓力檢測制度便開始上路。不過，距離「讓勞工能盡情發揮，生氣蓬勃地工作！」這一目標還很遙遠。

明明有所作為的企業增加了，為什麼壓力、混亂感卻未能有所減少呢？

那是因為企業針對精神健康所採取的對策，都是以身體不適、罹患疾病等導致需要停職的員工為主。因此我們若要在充滿壓力的環境下持續工作，就只得多花點心思保護自己。

那麼，該如何保護自己呢？

關鍵字就是「情緒」！我認為開頭所介紹的混亂背後，其實隱藏著不安、恐懼、悲傷、失落、憤怒、焦躁的情緒。

現在只要購買電子產品就會附有說明書，也有教你如何使用Excel等等詳盡易懂的操作手冊。那情緒的操作手冊呢？確實也有關於情緒的書，但內容幾乎都是「控制自己的情緒」、「不要感情用事」、「消除會造成壓力的情緒」，像把情緒當成壞東西一樣在對付。

確實，生活若是少點焦躁就會比較理想，也沒有人會「因為悲傷而感到喜悅」。因此理所當然會想知道「控制憤怒」、「忽視悲傷」的方法。但是！我想大聲地這麼說：

「情緒不是壞東西!!」

心理學的研究指出，情緒具有讓我們生存下去必須且重要的功能。如果情緒能成為盟友，就會是我們的最佳拍檔。只要知道每一次情緒背後的真面目，應該就能得知我們處於怎樣的狀況、如何行動最好，進而意識到情緒的可靠。

「避免感情用事」
「忽視掉情緒就好」

這種與情緒相處的方式，太亂來了！

本書會教你把工作中最常感受到的4種情緒：「憤怒」、「悲傷」、「失落」、「不安」拉攏成「盟友」，並且教你如何在壓力之下保護自己。

要讓某人成為盟友，就要先徹底了解對方，情緒也是一樣。每章會先介紹各種情緒所具備的「意義」、「功能」，以及搭配雖然尚不普及，但效果已受到心理學領域肯定的處理方式，以能夠輕鬆進行的活動呈現給讀者們。

還有還有！本書也把與情緒息息相關的「混亂」畫成了地圖。覺得混亂時看看地圖，找到接近當下的混亂感，就會知道接下來應該試著去理解哪種情緒。

希望本書讓讀者在感到混亂時，拿起來翻閱一下就能感到舒暢。或許有時也能從中理解，對自己發火的人、或是正處於失落的同事等其他人的情緒。

如果能發揮到那種地步，您也能變成出色的情緒專家！在令人感到混亂的現代社會中，從情緒裡得到保護自己的線索吧！

CONTENTS

2丁目 悲傷

3丁目 失落

4丁目 不安

情緒問題地圖

BUS

1丁目

憤怒

目的地

混亂感持續，

壓力增加。

「討厭情緒排行榜」第一名是憤怒？

你：「您要求的企劃書已經完成了。」

主管：「這企劃書是什麼啊？首先那個標題就不行了吧！概念也難懂，還有……（繼續雞蛋裡挑骨頭）。」

⬇明明一開始只說：「試著把想做的彙整一下」，卻又頻頻否決。那一開始講清楚不就好了，浪費我的時間！

你：「我構思了一個……這樣的企劃。」

同事A：「這樣的目標市場會成功嗎？」

同事B：「我也覺得對其他公司的產品分析太淺。」

同事C：「概念也是，必須再完整一點啊！」

⬇怎麼淨給一些沒建設性的建議啊？大家只是不想讓我的企劃通過吧!?

你：「這裡搞錯囉，已經幫你訂正了。」

新人：「啊，真的耶。不過，畢竟這個是課長臨時交代的。」

你：「……還有，上面這個寫法對客戶有點失禮，我覺得改成這樣會比較好一點。」

新人：「了～解。但是，那也要看情況吧！」

➡總有說不完的藉口，少說一句會死嗎。愈來愈討厭提醒別人了！

主管：「最近會有新的影印機要搬過來，有誰可以事先整理影印機周邊嗎？啊，你的位置最靠近，那就拜託你啦！」

➡總是塞一堆雜事給我，我也很忙的好嗎？我只想好好花心思在自己的工作上！

要細數職場上發生的焦躁、憤怒，或許會沒完沒了。

聽到「焦躁」、「憤怒」，你會湧現什麼印象？

「希望盡可能不要有這種感覺。」

「更不希望被他人怒火波及！」

大致上可以想見這些負面的答案。就像「理智線斷裂」、「怒氣衝昏了頭」這些形容一

☑ 厭惡的事情誘發憤怒，憤怒則催生出令人厭惡的行動。

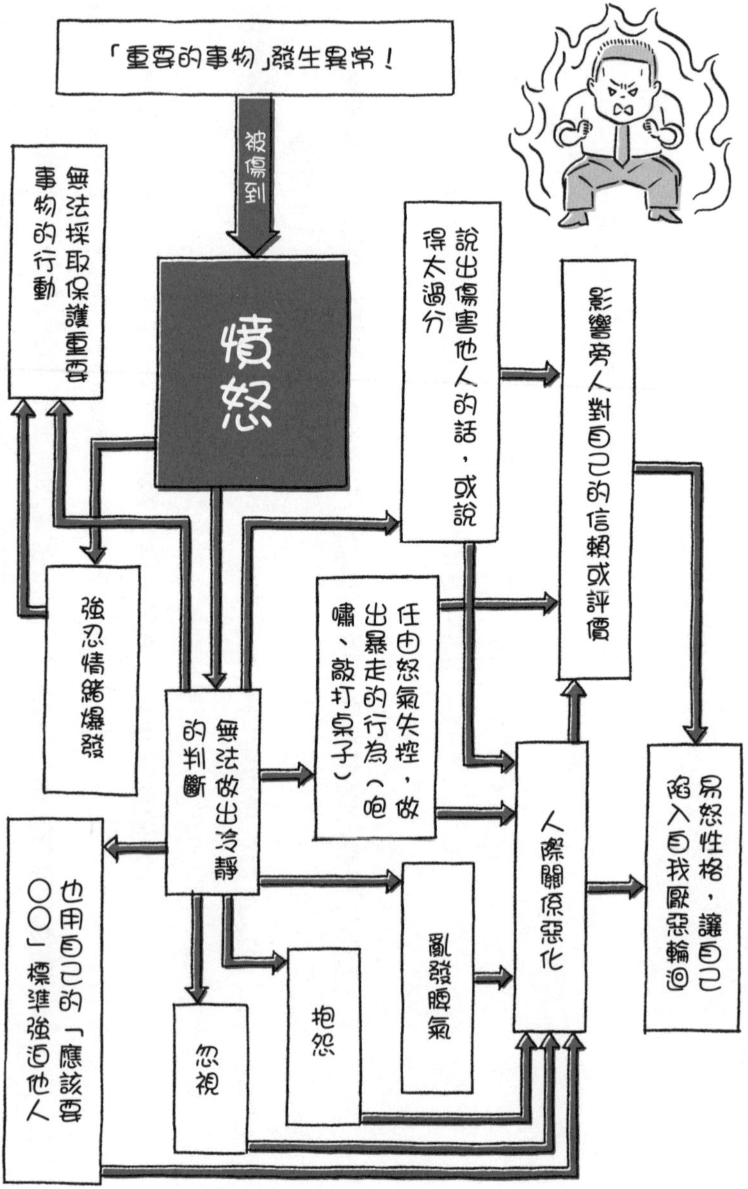
「重要的事物」發生異常！
被傷到
憤怒
無法採取保護重要事物的行動
強忍情緒爆發
無法做出冷靜的判斷
說出傷害他人的話，或說得太過分
任由怒氣失控，做出暴走的行為（咆嘯、敲打桌子）
影響旁人對自己的信賴或評價
人際關係惡化
易怒性格，讓自己陷入自我厭惡輪迴
也用自己的「應該要○○」標準強迫他人
忽視
抱怨
亂發脾氣

樣，憤怒會讓人無法做出冷靜判斷，在怒氣失控下行動，導致人際關係受到破壞、並影響旁人對自己的評價。有時也會陷入「自己怎麼會做出那種事……」的心情，而對自己感到厭惡。如果有「討厭情緒排行榜」的話，憤怒應該會榮登第一名。

憤怒是「重要的事物被傷到」的訊息

不過對我來說，憤怒是讓我開始意識到「人有情緒真是太棒了！」的一種情緒。為什麼這樣說呢？因為，就連憤怒這樣的情緒，也是具有重要功能的。

所謂憤怒的功能，就是

「自己重要的事物被傷害到了！得採取保護行動才行！」

傳遞了這樣的訊息。舉例來說，朋友送的一個自己一直很珍惜的包包，有一天被果汁潑到了，因而感到生氣。若只是覺得「反正差不多該換了」的包包，就不會那麼生氣了吧！正因為重視，才會有生氣的感覺。

這種情緒從人類還生活在山林中時，就在守護著我們的「生命」了。那時，人類所重視的事物不外乎是自己的性命、家人、群體的性命、自己居住的地方。當受到野獸攻擊，透過憤怒傳遞危險訊號，我們才能予以反擊，讓人類血脈延續至今。換句話說，就是有人越過界線，入侵我們所守護的領域（領土）時會湧現的情緒。

那現在的社會呢？我們來看看剛剛的例子是重要的事物受到傷害，還是自己守護的領域被入侵吧！

・主管提出不明確的要求後，卻又對企劃書雞蛋裡挑骨頭
⬇自己對工作投入的心血，以及所花費的時間

・當同事一味地對自己的企劃說出否定意見
⬇讓自己重要的企劃被通過

・當新人錯誤連連卻不反省
⬇「要好好教育新人」的想法、「新人應該要這樣」的價值觀

・被要求做些影印機相關的雜事

☑ 引發怒火的「重要事物」表

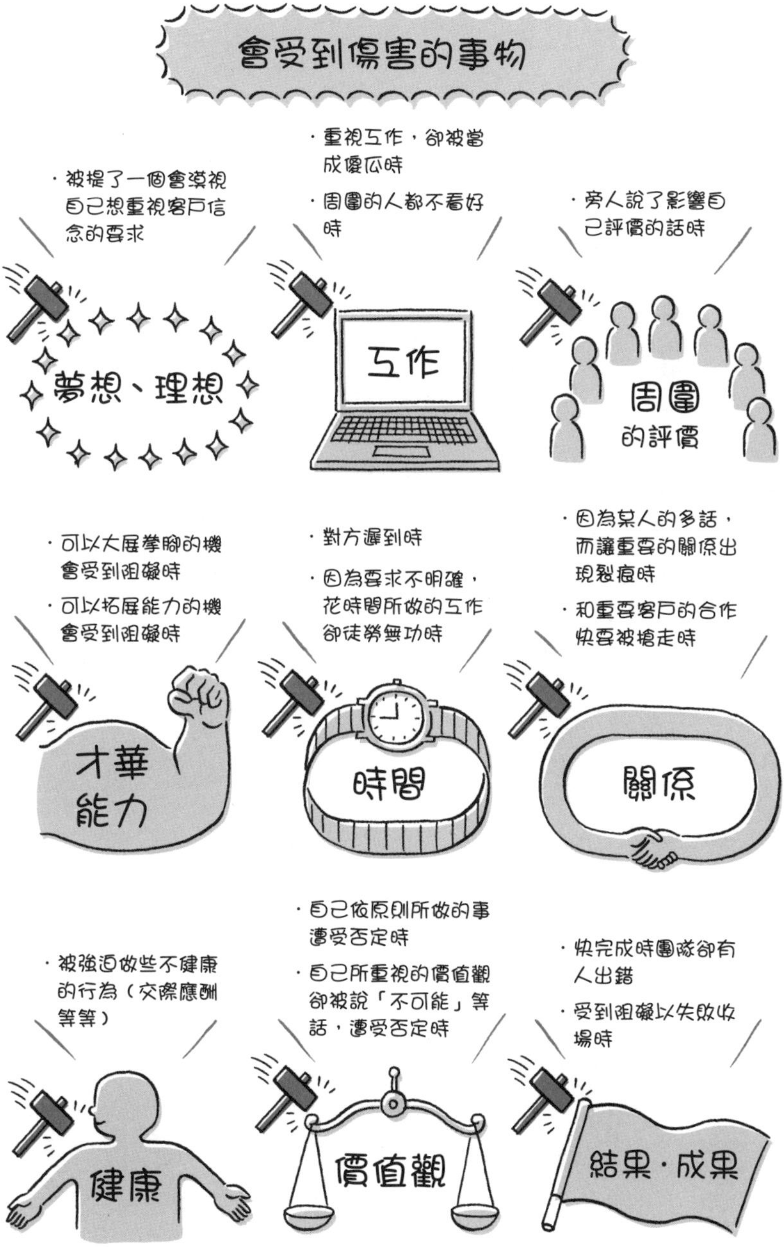
會受到傷害的事物
・被提了一個會漠視自己想重視客戶信念的要求
夢想、理想
・重視工作，卻被當成傻瓜時
・周圍的人都不看好時
工作
・旁人說了影響自己評價的話時
周圍的評價
・可以大展拳腳的機會受到阻礙時
・可以拓展能力的機會受到阻礙時
才華能力
・對方遲到時
・因為要求不明確，花時間所做的工作卻徒勞無功時
時間
・因為某人的多話，而讓重要的關係出現裂痕時
・和重要客戶的合作快要被搶走時
關係
・被強迫做些不健康的行為（交際應酬等等）
健康
・自己依原則所做的事遭受否定時
・自己所重視的價值觀卻被說「不可能」等話，遭受否定時
價值觀
・快完成時團隊卻有人出錯
・受到阻礙以失敗收場時
結果・成果

➡投入在自己工作上的時間

將這些「重要事物」彙整，就成了前頁的圖表。也就是說，當這些事物受到傷害時，憤怒的情緒就會產生。

另外，憤怒也跟「不當性」有所關聯。

・得不到適切的評價
・被迫做大量工作等等的無奈
・明明沒錯卻被罵

這樣的不當、沒道理都會引來憤怒，這跟我們屬於群體生活的背景有關。群體有秩序、規則，遵守那些才得以生存。如果有人破壞秩序或是規則，就會危害到整個群體。這麼一來會讓生命延續的可能性驟然減少。正因自己所屬的社會秩序、規則對生命延續很重要，所以違反規則或是沒道理的事情就會讓人感到憤怒。

憤怒也可以說是與人際關係息息相關的情緒。活化或是扼殺人際關係，都與如何跟憤怒相處有關。過去居住在山林時，通常是放任怒氣，認為只要撂倒對方就是好的，因為是在保護自己或家人，是很值得讚許的行為。不過，倘若在現今社會放任怒氣採取行動，或是說了很過分的話時……

「那人真沒耐心。」
「好像很愛生氣的樣子。」

就會被這麼解讀，導致信賴降低、關係惡化。或許你有因為那樣而感到後悔的經驗，才使憤怒的負面印象更為強烈，認為「憤怒會破壞人際關係，是要謹慎處理的情緒」。不過，憤怒原本的功能是——

「守護自己重要的事物」
「劃清界線，守護自己的領域」

那麼，要如何才能發揮這樣的功能呢？

☑ 憤怒是在守護重要的事物

這兩者NG！「攻擊」有害人際關係；「忍耐」有害健康

介紹該怎麼做之前，先說一下不可以做的兩件事吧！那就是做出攻擊行為及忍耐！

①做出攻擊行為

憤怒時容易衝動地說出具攻擊性的言論或是行為。一旦說了、做了，就無法簡單地收回。不僅讓彼此的關係出現裂痕，「原來你是會說出這種話的人」，像這種話也會影響周圍的人對你的信賴或是評價。讓自己不斷苦惱地想著「說太過分了……」、「怎麼會做出那種事情……」。

攻擊行為中不只有直接展現憤怒的做法，也包含「抱怨」、「漠視」等等間接的做法。像是「以往都做得很好，今天是怎麼了？」等等，用親切來包裝的攻擊方式。

②忍耐

另一件不可以做的事情就是：忍耐。

「雖然生氣，但只要嚥下這口氣就不會讓關係惡化，那不是很好嗎！」

或許會這麼想，不過，忍耐著抑制怒氣其實是引發高血壓、冠狀動脈疾病、缺血性心臟病等心臟疾病的危險因子。所以壓抑憤怒會有害我們的身體健康。

讓憤怒成為盟友
要先知道的兩個基本觀念

該怎麼做才好呢？首先請把握兩個基本觀念。

①要把感覺到憤怒和如何表現憤怒兩件事分開

我們之所以「不想感到憤怒」，多數理由是因為容易出現向對方發怒、對物品胡亂發洩等等的攻擊行為。不過，其實感覺到憤怒和如何表現憤怒（或是不表現）是屬於不同的階段。

「生氣是不成熟的表現」
「感情用事並不恰當」

在這種環境下成長，容易對「感到憤怒這件事情不好」深信不疑，其實真的不好，是在「表現方法」的部分。進一步說，感到憤怒或是不感到憤怒，是自己難以選擇的階段，不過如何表現卻是可以自己選擇的。換句話說，是「自己能掌控」的階段。之後也會介紹能好好表現憤怒的會話技巧。

②理解易怒程度與環境習習相關

煩躁時也會厭惡自己，覺得「自己很易怒」。然而事實上易怒程度也與各種環境因素、身體狀態等等相關。舉例來說，很熱時、疲勞時，人就會容易煩躁。持續感到煩躁時，不能只是連結到性格問題：「為什麼自己會這麼容易煩躁呢？」還要同時檢視是否處在不愉快的環境，試著調整也很重要。

把握這兩點後，就來學習讓憤怒成為盟友的方法吧！接下來會介紹，在職場生氣時當下就能使用的方法，以及檢視自己長久以來憤怒模式的方法。

總之先冷靜！冷靜下來的5個方法

你生氣時都怎麼表現呢？

「發怒」

「面紅耳赤」

「怒髮衝冠」

「怒目相視」

「吹鬍子瞪眼」

如何呢？找到共通點了嗎？

……沒錯！很多表現都提到身體部位。

生氣時身體會處在戰鬥模式，提高警戒度。要保護重要的事物就必須有能量。能善用能

☑ 找回判斷力的冷靜方法

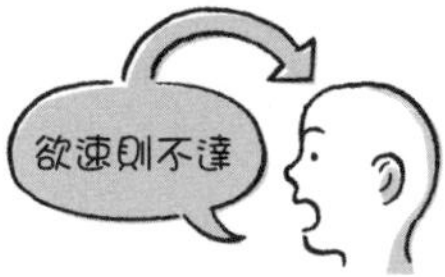

	發怒的當下可以使用	怒火難以抑制時可以使用	不需花費時間、氣力
呼吸法	○	◎	△
漸進式肌肉緩和法	×	◎	○
數數	◎	×	◎
想像法	◎	○	◎
提醒法	◎	○	◎

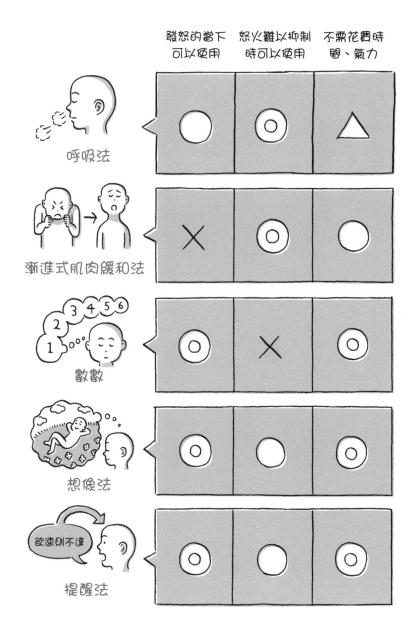

量也就罷了，但高警戒的狀態，往往會喪失冷靜的判斷力。為了不讓能量浪費在敲打桌子、破口大罵、波及旁人等等衝動的行為上，而感到後悔莫及，會議上快要出現衝動言論或是行為時、快要脫口說出傷害他人的話語時，請試試接下來介紹的冷靜方法。

「冷靜很重要！」就算說再多次，憤怒不是嘴裡唸著「冷靜——」就能抑制的。這個時候建議放鬆，透過身體緩和緊張、放鬆，與身體連動，情緒就會自然地沉澱下來。與其直接處理心情，透過身體會更簡單。

首先，來介紹在職場也能馬上做的呼吸法，以及漸進式肌肉緩和法。

重點是「慢慢吐氣！」～呼吸法

如同其名，呼吸法是運用呼吸達到放鬆。坐在椅子上並且雙腳著地，把氣吐光後，依照接下來的步驟。

①用腹式呼吸，鼻子緩緩地吸氣。

②吸飽後停住1秒左右。

③接著，嘴巴緩緩地吐氣。

④吐光後，稍微停一下再接續下一個吸氣。

☑ 從身體讓情緒沉澱

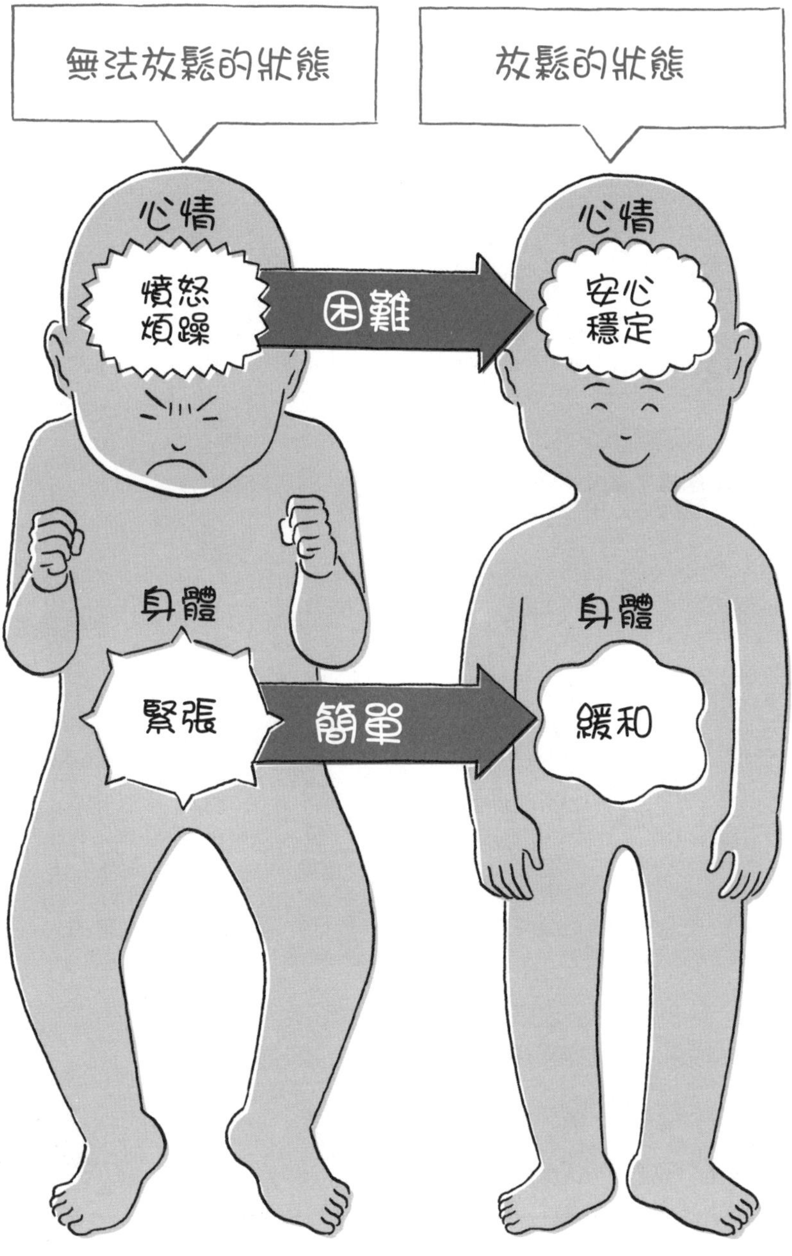

☑ 用吸氣的2倍時間吐氣！

準備　先從完全吐完氣後開始

閉口
吸氣
吸氣要讓腹部
有膨脹的感覺

1 用腹式呼吸，鼻子緩緩地吸氣

2 緩緩吸氣後憋住氣1秒左右

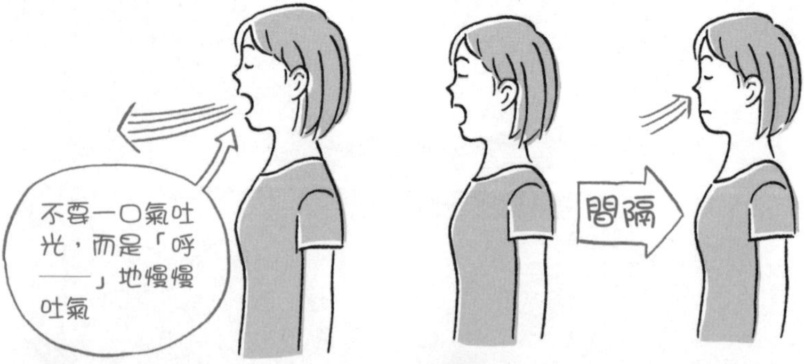
不要一口氣吐光，而是「呼——」地慢慢吐氣
間隔

3 嘴巴緩緩地吐氣（用2倍的吸氣時間）

4 吐光後，稍微停久一點再接續下一個吸氣

- 想像吹氣球的感覺應該會比較容易。
- 大致標準是1分鐘呼吸6～8次。
- 有意識地呼吸。

重點

反覆進行這些步驟。重點是「吐氣要比吸氣長」，大致標準是「吸氣時的兩倍時間」。舉例來說，1、2、3，用3秒吸氣後，不要一口氣「哈」地吐出來，而是1、2、3、4、5、6，慢慢地「呼——」吐氣。不習慣腹式呼吸，就必須稍加練習到順暢，一旦習慣後，任何地方都能使用。

重點是要先「用力」～漸進式肌肉緩和法

聽到「好了，把身體的力量放掉！」我們就會想著「得放鬆才行！」反而讓身體更緊繃。其實身體用力，之後反而容易放鬆，漸進式肌肉緩和法就是如此。名字看起來很難，不過1次只需30秒左右很容易做。

首先，坐在椅子前端不要貼著椅背，依下列步驟用力。

①雙手往前伸出，拇指在內握拳。

②手肘彎曲，雙手貼近胸口。

③聳肩貼近耳朵。

④腋下夾緊，身體彎曲往前。
⑤臉部也用力閉上眼睛。

像是呈現蜷曲狀態。
保持這種姿勢，身體一口氣用力六～七成，並且維持5秒！
接著一口氣放鬆，靠在椅背上維持15秒左右，請好好感受身體慢慢放鬆的感覺。

此外也請嘗試能讓自己感到「呼～」的放鬆方法吧！

・點上喜歡的香氛
・喝咖啡或是香草茶
・看看寵物的照片
・想想讓自己會心一笑的事情

這些事情也都能在職場做。

☑ 用力之後反而容易放鬆

1 坐在椅子前端

2 用力

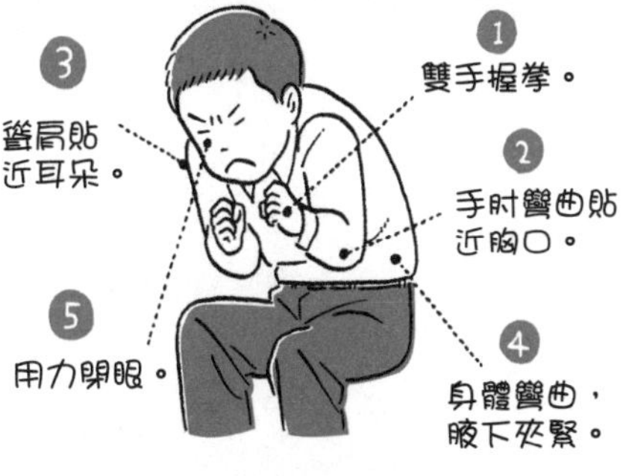

參考左圖。

以60%~70%的力道一口氣用力，讓肌肉維持5秒左右緊繃狀態。

3 放鬆

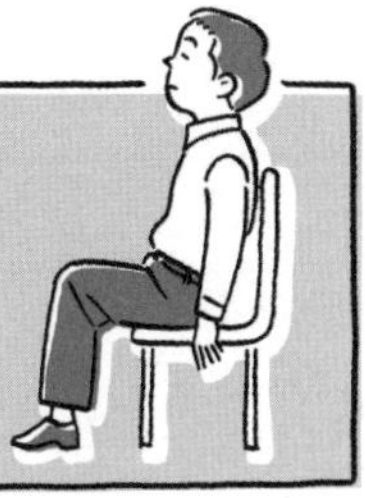

- 呼～地一口氣放鬆，靠在椅背上。
- 維持姿勢15秒左右，感受肌肉的緊繃逐漸消退的感覺。

怒氣來時先數到10 ～數數

感到憤怒，想要破口大罵、敲打桌子等等的行為時，用數數的方法拉長時間。可以唸出來，也可以在心中默數。

生氣讓身體用力、心跳加快等變化，來自神經傳導物質去甲基腎上腺素。由於高峰會持續6秒左右，因此至少要慢慢數到10會比較理想。

光靠簡單數數無法抑制時，也建議嘗試：

- **讓手輪流比出石頭、布，數10組**
- **想10個自己喜歡的食物**

等等的創意版本。

重點不是追求顯著效果。即使100的怒氣只降到97，降低幅度不多，能避免發生後悔的事情才是重點。

用想像緩和怒氣 ~想像法

預先想好能緩和自我情緒的畫面，正當感到憤怒時即可使用此方法。

春陽灑落的森林中，小河潺潺而流。
從宇宙看向地球的景色。
小時候，暑假總會去的爺爺家檐廊。

無論是實際的畫面或是想像的畫面都可以，預先想好適合自己、能緩和憤怒情緒的畫面，當生氣時就想想那個畫面。

用自己專屬的魔法話語緩和憤怒 ~提醒法

提醒法就是想像法的文字版。像是……

「欲速則不達。」
「值得破口大罵影響自己的評價嗎？」

事先準備能緩和怒氣的句子，生氣時就說給自己聽。

怎樣的句子才有效果呢？其實因人而異，重點是「找到適合自己的」。研習時我也曾經用過提醒法來帶活動，以通勤途中被人撞到、腳被踩到、感到煩躁時使用的句子為主題。有位參加者想到一句：「總有一天會摔到陰溝裡」，或許讓大家聯想到了漫畫或是短劇中跌倒的畫面，會場中頓時傳來此起彼落的噗哧聲、竊笑聲。不是真的讓對方跌進陰溝裡，不過像這種讓人會心一笑，具有幽默感的句子真的太棒了。

為了保護重要的事物，用4個步驟決定如何行動

憤怒的功能是「保護被傷害到的重要事物」。如果能活用之前的方法冷靜下來，就試著先問自己「被傷害到的重要事物是什麼」吧！以此作為線索，用以下的順序決定行動。

①找出重要事物

首先，是什麼被傷害到了？找出自己的重要事物吧。

如果感到混亂而毫無頭緒時，看一下重要事物表（19頁），選出較接近的事物吧！

②列出可採取的保護行動

請列出為了保護重要的事物，可採取哪些行動。

不是「雖然不比登天還難，實際上卻也難做到」這種不切實際的想法，而是列出覺得「應該做得到」的行動吧！

③排出優先順序，一步一步來

檢討所列舉行動的可行性與有效性。要從哪裡著手呢？如果用5等級評量制就能簡單排出優先順序。

決定出優先順序後，接下來就是實踐了！

④透過回顧提高效果！

試著回顧測試結果後，決定要繼續相同行動，或是嘗試其他方法看看吧！

將先前提到的，會雞蛋裡挑骨頭的主管例子套用這4個步驟看看吧。

①找出重要事物

確認事物表後，「工作」及「時間」應該較符合。以這個情況來說，應該是「花心思做的工作」、「挹注的時間」被傷害到了。

②列出可採取的保護行動

為了不讓花心思做的工作成為泡影，應該採取怎樣的行動呢？

・工作要怎麼繼續呢？要讓方針更明確且共同遵循。

・出現模糊的要求時，為了確認是否與自己認為的方針有所出入，要事先具體地確認主管的要求。

・與其完成後提出而被否決，造成時間的浪費，不如完成六成時先請主管審核。

就像這樣，列出有助於保護重要事物的行動。

③排出優先順序，一步一步來

試著驗證各個行動的可行性與有效性吧！用以下5等級評量思考也是一種方法。

【實踐可行性】

5：馬上就能實踐

4：容易實踐
3：能實踐但得花力氣
2：能實踐但獨自一人有點困難
1：得花力氣，獨自一人也有點困難

【有效性】

5：效果超群！能立即解決
4：具效果
3：有效果但需要時間
2：會因對象影響效果的呈現
1：需要時間，也會因對象影響效果

那麼，在驗證了②所列出的行動後呢？

・具體地確認要求

⬇提出要求時，只要詢問主管做確認即可，實踐的可能性高，應該有5。

以被傷害到的事物為線索，進而採取行動

感到憤怒的狀況	重要事物	為了保護重要事物的行動方案
主管提出模糊、訊息不足的要求，之後又雞蛋裡挑骨頭。 	 ・自己經手的工作 ・投注在工作上的時間	要求模糊時，透過詢問讓內容具體化。 完成六成時先讓主管過目。
會議中有複數以上的人對自己提出的企劃書持否定意見。 	 讓企劃通過	當下先冷靜地回應。 針對否定意見，盡可能地收集可反證的訊息。
主管對後輩說出不講理的事情。 	 自己照顧的後輩	傾聽後輩的心聲並給予鼓勵。 擔任起後輩與主管的橋樑。

那效果呢？雖然無法解決所有認知差異，但應該有一定程度的效果，所以有4。

・**完成六成後先讓主管看過**

⬇無法預測主管忙碌時會不會先看，所以實踐的可能性為3。

如果能先看過效果應該會很好，所以是4。

如果無法決定該先測試哪個行動時，請先選擇實踐可能性高的選項。效果高固然重要，但無法實踐也如同空中樓閣。

④透過回顧提高效果！

回顧時，請以下列重點為主。

・**有多少效果？**

・**有無阻礙？**

・**可以做什麼事情提高效果？**

回顧後，思索對付阻礙的策略、提高效果的方法，擬定下一次的對策。透過這樣的精進過程，就能夠減少「讓人生氣的情形」，同時也能預防憤怒。

表現憤怒並非破壞，而是為了「建立」關係 ～DESC法

憤怒時除了自己想辦法解決，有時候也會需要傳達給對方知道。像是之前的例子，建議完成六成時先讓主管過目的狀況等等。不過，讓憤怒外顯時要注意！怒氣衝天時，話語跟態度都容易帶有攻擊性。直接表現出來的話，可能跟對方的關係會惡化、也會讓自己的處境變得不利。這種情況下，就連用心製作的提案也可能會受到忽視。

重點在於，溝通不只是表達自己的主張，同時也要尊重對方的主張。並非做出攻擊性的言論，也不是要自己忍氣吞聲，是為了保護被傷害的重要事物而主張——需要具備這樣的溝通技能才行。

這樣的技能稱為自我肯定技能（Assertiveness skills）。這個技能是用以下4步驟表現憤怒。擷取步驟字首，稱為ＤＥＳＣ法。

Describe	客觀描述情況
Explain	表達自己的主觀情緒、想法
Suggest	提出希望對方採取的行動、解決方案
Choose	預測對方肯定、否定的反應，提出替代的選項

步驟① Describe：盡可能客觀描述情況

盡可能客觀地描述當時情況。這裡的重點在於，無論在自己眼中、對方眼中、第三者眼中，詢問任何人都會受到點頭認同：「確實如此！」只傳遞這樣的事實。為什麼這個很重要呢？舉例來說，如果對開會時晚到的人這麼說的話會怎樣呢？

「遲到還都不聯絡，說不過去吧！」

一定會有這樣的回應。

「但是」

「因為」

「不是的……」

「你自己不也……」

「是因為發生這樣的事情」

「真的沒有辦法」

……不斷地反駁，各種藉口輪番上陣。不想聽到這些！反而讓人更覺得煩躁。

那麼，如果是這種開頭如何呢？

「會議是從下午一點開始對吧？」

沒有人會對這句話用「但是」反駁，而是會說：「對，確實是從下午一點開始」。

就像這樣，如果從無論問誰都會得到「確實如此！」的客觀描述狀況開始，對方就不會用反駁的態度，而是變成容易聆聽自己這邊言論的態度。

這樣就完成讓對方聆聽的準備了！往下一個步驟邁進吧！

步驟② Explain：用訊息表達情緒、想法

當對方進入容易聆聽的狀態時，接下來就是傳達自己的想法、情緒。此時，就算是主觀的內容也OK，但有一個重點，那就是不要用「你」開頭，而是用「我」開頭的訊息。

對遲到的人說「你做事太隨便了！」像這種用「你」開頭的訊息來表達的話會怎樣呢？沒錯，又會陷入反駁跟藉口的泥沼中。好不容易營造出的聆聽態度全都功虧一簣。此時應該採取「我」開頭的訊息。

「我覺得○○」
「我認為○○」

每個人都有不同的想法、感受、情緒，所以也不會有人對你說：「你應該不這樣覺得」對吧？

步驟③ Suggest：用提案口吻提出解決方案

之後如果出現相同狀況時，希望對方採取怎樣的行動呢？就把這些希望對方採取的行動、妥協方案、解決方案提出來讓對方知道吧。此時有兩項重點。

第一項是，具體且可能實踐的提案。其中，容易不小心冒出來的是這個。

「請認真一點！」

過於籠統會讓對方認真起來的可能性趨近於零。請具體地用「請做○○」以及行動程度來表達。當然也必須是實際可落實的內容。

另一項重點則是，用提案的口吻表達。

「之後麻煩請○○！」

容易出現像這樣指示、命令的口吻。因為溝通時要同時尊重自己的主張，以及對方的主張，所以不能用強制的口吻。

如果發生這種事

被要求整理影印機周圍等等的雜事，占用自己的時間，影響工作進度。

憤怒爆發！直接說的話

為什麼總是叫我呢？一直被逼著做雜事，真的很讓人受不了耶！請不要把不想做的事情推給別人！

起口角，或許會讓情緒變得更加糟糕。

獨自強忍住憤怒

我知道了。我會去做。誰叫我就坐在影印機旁邊。我來就好，請不要在意。

累積不滿、覺得與人來往變得好麻煩。

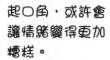

DESC法的運用舉例

要展現自我主張的話……

Describe 描述

上次影印機的整理也是我負責的。而且目前手邊剛好有星期五要交的工作在。

任誰都覺得「沒錯！」具有客觀性

Explain 說明

因為交期將至，目前分身乏術，我擔心會不會反而來不及完成交辦工作。

用「我」開頭的訊息傳達

Suggest 提案

看到時候可不可以委派部門裡比較有空的人呢？

提出具體且可行的方案

Choose 讓對方選擇

或者是，之後如果可以在部門會議中討論，像這種工作外的事務該誰來負責等其他方式的話就太好了。

尊重對方的Yes以及No

傳達想說的話，也能避免重複出現相同問題。

「下次如果是○○的情況，可以請你採取XX的行動嗎？」

這樣的口吻就很不錯！也容易誘導對方回答YES。

步驟④ Choose：也讓對方選擇

或許你會這麼想：「都做到步驟③了還不夠嗎？」不過其實，步驟④才是這項技能的特點。針對步驟③的提案，要事先預想對方回答YES及回答NO的狀況。無論哪種回答都予以尊重，也要事先預備NO的替代方案。

「提了對方就得接受」

我們總會不自覺地這麼認為，不過這麼一來，萬一得到的是NO的回應，就容易產生新的憤怒。正因為是同時尊重自己以及對方情緒的溝通技能，所以才有這個步驟。

把握這4項步驟後，試試看套用在先前提到，被要求整理影印機周圍的例子吧！

或許會認為「要在現實的職場環境中花4個步驟進行真的很難啊……」。覺得很難在一開始就做到全部步驟時，試著先做【步驟① Describe】和【步驟② Explain】吧！即使只是這樣，也能防止關係惡化。

選擇練習用的狀況也很重要。不要馬上用在棘手的對象上，「用在這個人身上的話，稍微失敗也沒關係」，從覺得有安心感的對象著手吧！

透過練習讓憤怒表現變得純熟後，就會開始覺得「生氣也能好好傳達」了。這麼一來「不想感受憤怒」，對感受憤怒的抗拒感，或是「職場人際關係好麻煩！」的負擔感也會慢慢減少。

最後還有一點。在【Explain】的步驟中，坦率地告知對方：「這件事對我來說很重要，所以才生氣。」其實也很有效。在斥責部屬、後輩時，也不要只是責罵，告訴他們：

「因為對我來說，你的成長很重要。」
「因為對我來說，一起讓這項計畫成功很重要。」

對方也會比較容易接受。

這項自我肯定技能，不只是生氣的時候，要跟對方說些難以啟齒的事情時也很有幫助，請試著好好運用。

憤怒會隨著表現方式不同，反而能讓彼此建構出良好關係。告知對方：「因為對我來說很重要，所以請不要破壞」來得到他的認同，當對方說出同樣的話時，也予以尊重……以這樣的方式在彼此間畫出適當的界線，建構出信賴關係，也是工作上彼此共享同樣價值觀的契機。

從「應該～」的想法中了解自己憤怒的地雷

「自己到底在什麼時候容易感到憤怒呢？」

最後要向各位介紹檢視自己憤怒地雷的方法。儘管不是生氣時能立刻派上用場、立即見效的方法，卻是能長期與憤怒相處的方法。請注意有哪些想法容易引發、激化你的憤怒情緒。

之前提到憤怒與「不當性」相關，其實這也與憤怒背後「應該～」的想法有關。

「新進員工應該謙虛」
「犯錯應該馬上道歉」

就像這樣，當有人違反自己認為「應該～」的舉動時就會產生憤怒。
每當感到憤怒時，捫心自問有沒有覺得「應該～」的想法，找到後就寫出來。寫出來之後用以下的重點去檢視。

檢視重點①　那樣的想法是整個職場的共識嗎？

檢視重點②　那樣的想法有助於職場發揮團隊力量嗎？

如果是有助於職場的想法，也是大家的共識，那就比較簡單了。請活用自我肯定技能告知對方吧！畢竟這對對方、對團隊應該都是好事。
如果與團隊力量無關，在職場也不算共識的話，很可能只是反映自己的價值觀。這個時候，

「自己是這麼想，不過職場也有不這麼認為的人」

☑ 從「應該」的想法找到自己發怒的模式

例：不知反省的新進員工

檢視「應該～」的想法

犯錯應該馬上道歉	新進員工應該謙虛
檢視 ☑ 職場的共識 ☑ 有助團隊 「犯錯就該道歉，並修正行為」的想法符合檢視內容	檢視 ☐ 職場的共識 ☐ 有助團隊 有時也需要新進員工大方一點表達意見
用DESC法告知晚輩	確認界線，也尊重不同想法

尋找模式

- 新進員工應該謙虛
- 身為主管，態度應該要理所當然
- 前輩應該比後輩更晚下班

→ 對各個立場都有「應該這麼做」的強烈想法

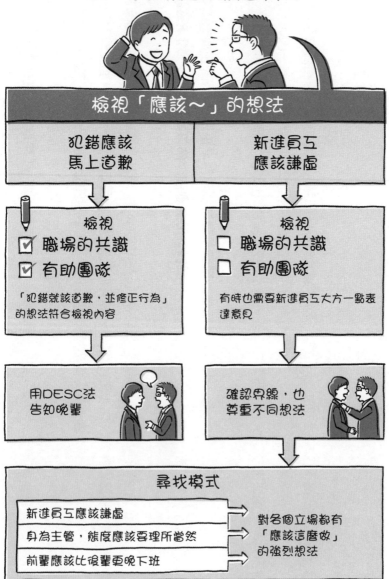

確認自己與周圍的界線，接受不同想法並予以尊重，緩和怒氣。就像是「我是我，他是他」的感覺。界線模糊的人，會把自己認為的「應該～」的想法也套用在主管、同事、後輩等周圍的人身上，讓自己容易感到生氣。如果可以劃清界線，就會輕鬆許多。

就像這樣，收集數個感到憤怒的情況下自己內心覺得「應該～」的這種想法，並試著找出共通模式吧！把握自己的發怒模式後，下次生氣時就能察覺「又陷入相同模式囉」。

可以察覺，就代表情緒已成囊中物，可以自己決定自己的應對方式。在自己容易生氣的狀況下，要如何調整想法才能沉著以對呢？試著轉換思考、看法吧！

☑ 改變發怒模式的換位思考

會議時被主管要求處理資料。

明明也有其他人，卻總是要我做雜事。

因為寄件者手誤漏掉自己的電子郵件地址。

自己被忽視。

看到前輩指導後輩工作。

之前沒有花時間教我，不公平。

狀況共通點	自己受到不同於他人的待遇時。
想法共通點	認為不公平，自己總是受到不好的對待。
自己的憤怒模式	當自己受到不同於他人的待遇時，會認為「不公平」、「總是只有自己受到不好的對待」。

有時也會因為時間充裕與否、人手問題等等的環境因素影響到對待方式。

冷靜下來仔細想想吧。

想想自己是不是也有被特別照顧的時候。

COLUMN

「善待自己」緩和強烈情緒背後的傷與痛

感到悲傷或失落時，很容易就知道「自己受傷了」、「覺得心痛」，而生氣、不安時也一樣。感到強烈憤怒，其實就是自己重要的事物被傷害到了。當中也存在著痛。

然而我們明明覺得好痛、受傷了，卻仍會苛責自己「太易怒」、自己「很神經質」。其中也有文化面的理由，因為我們被教導「在人前發怒是很丟臉的事情」，在公司也是，在人前發怒就會被說成「情緒化、不成熟的人」。其實「感受」情緒和「如何表現」情緒屬於不同階段，我們卻把感受情緒的自己一味地視為壞事。之後在3丁目，將會介紹如果苛責自己，能量持續被剝奪，反而更難與情緒相處的後果。

那該怎麼做呢？就像看到受傷在哭的孩子會去摸摸頭安慰他一樣，對自己要有憐憫之心。心理學領域進入二十一世紀後也出現新的研究主題：「善待自己」。如同其名稱，就是體貼自己的意思。科學上顯示，此舉不僅有助精神方面的健康，也具有促進身體免疫功能回復的效果。接著就來介紹善待自己的簡單練習吧。

①事先決定好，面對自己的傷、痛時要說的話

「太生氣結果傷到自己了吧」

「陷入了極為不安的糟糕狀況對吧」

怎樣的話語都可以。請事先準備一個能稍微緩和自己的痛楚、撫慰傷口的一句話吧！

②擁抱自己

嬰兒哭的時候，只要被母親抱著就會覺得安心，而慢慢冷靜下來。同樣的，給自己一個溫柔的擁抱，也能緩和痛楚。

或許會覺得「那樣很丟臉，做不到！」但只要勇敢嘗試，身體應該會有不一樣的反應。畢竟皮膚是很敏感的器官，應該會有放鬆的感覺。

有旁人在的時候，也可以用很冷時會環抱手臂的姿勢。像是用手在孩子頭上輕拍，拍拍自己的手臂、肩膀也具效果。

③事先想像畫面

事先想像一個能讓自己放鬆、感到安全的地方。幻想中的地方、或是實際存在的地方都可以。待在那裡就能感到溫暖、無所求、只想在那裡待著——試著想像那個地方的畫面。

能完全包覆住全身的繭中。
採光很好的奶奶家檐廊。
電影畫面中，火焰搖曳的壁爐前。
……等等，試著自由想像吧！感到痛苦時就想想那個畫面。

情緒問題地圖
BUS
2丁目
悲傷
目的地
混亂感持續，
壓力增加。

悲傷時，人會難以俯瞰自己所處的情況

「最近一次哭泣，是什麼時候呢？」

很像愛情電影中的經典台詞（笑）。

才不可能哭！

最後一次哭是什麼時候來著？

似乎聽到那樣的回應。

不過，真的如此嗎？或許出乎意料的是，內心其實有在哭泣，也有覺得「真想哭啊！」的時刻吧！像是……

突然工作交接

主管：「你現在做的工作由A接手，你就做○○的工作。」

你：「呃，可是這份工作我一開始就參與了，很想把它完成……。」

主管：「就算那樣也不能不教育A，單位也希望你接下來能在○○方面的工作多用點心。」

你：「……我知道了。（○○的工作跟自己的專業有點不同，也不感興趣……）」

跟大學時期的朋友往來

朋友：「社團同屆的人難得決定下星期五要聚聚。你也來嗎？」

你：「（下星期五……今天客戶提出新要求，出貨日也快到了……很難啊）很想去但是工作堆積如山啊……下次再找我啦。（話說回來，上次也是這樣，結果沒去成……）」

勞動方式改革說明會

勞動方式改革促進負責人：「從下一期開始想導入自由座位辦公室，以及推動減紙化，至於接下來的對策就交給各單位著手進行。」

你：「啊，就這樣匆促上路有點……。（每天隔壁坐不一樣的人無法安心啊。此外，因為得經常拜訪顧客，減紙也得有個限度啊……）」

☑ 陷入悲傷時難以俯瞰清楚狀況，反而延長悲傷

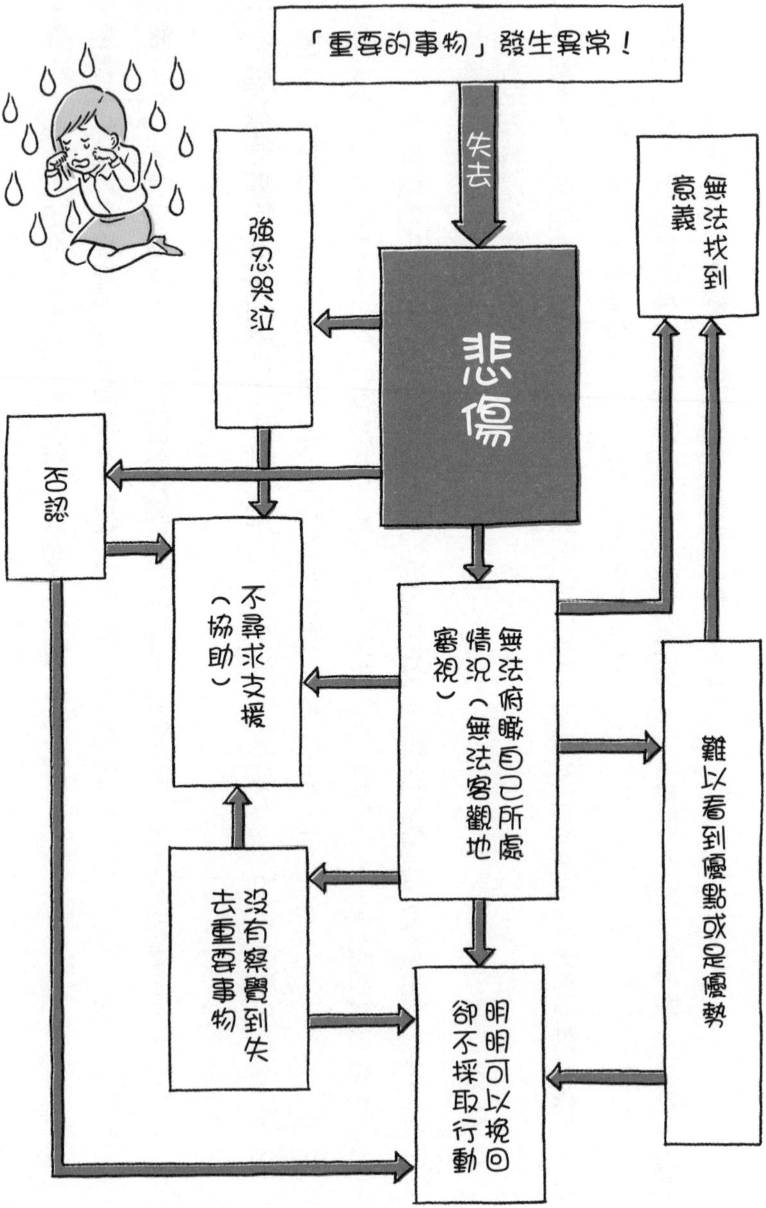
「重要的事物」發生異常！
失去
悲傷
強忍哭泣
否認
不尋求支援（協助）
無法俯瞰自己所處情況（無法客觀地審視）
無法找到意義
難以看到優點或是優勢
沒有察覺到失去重要事物
明明可以挽回卻不採取行動

業務會議

部長：「你所屬的課為什麼上半期的收益減少了呢!?」
你：「因為客戶那裡發生了這樣的問題，協助上費了一些功夫……」
部長：「協助客戶？有空做那個不如多多開發能賺錢的客戶，客戶的事情不用想那麼多。」
你：「……是。（如果是不會有收益的事情當然不會做，但是我們課一向是秉持讓客戶開心、堅持努力的信念在工作，希望也能稍微重視這部分……）」

期末業績發表

課長：「本期的營業成績，佐藤延續前期氣勢榮登第一。做得好！吉田雖然才第二年而已，也很努力呢。跟他們比起來，你啊……再這樣下去會被新人追過喔。」
你：「真是抱歉，下期會加油的……（明明很努力，卻一直無法做出成果……）」

客戶的抱怨

客戶：「關於之前你們出過來的貨，公司內部告知我們出現錯誤訊息。這是怎麼回事!?貨物有狀況會造成我們的困擾！請盡速處理。」
你：「真是抱歉。我會盡快調查，確認後再回覆您。」

這些各個職場都可能發生的狀況，背後其實都潛藏著悲傷的情緒。平常明明可以客觀地審視狀況，陷入悲傷時卻難以俯瞰自己所處之地，導致無法尋求真正必要的協助、採取必要行動，反而讓悲傷延長。

察覺原因在於「失去了某些重要事物」後較容易處理

悲傷，是我們盡可能不想體驗到的情緒。不過，像悲傷這樣的情緒其實也具備了正向的作用。

「現在正處於失去重要事物的情況，接下來只要採取這樣的行動就好。」

是在告知我們這個。

那麼剛剛的狀況，是失去哪些重要事物呢？

・突然工作交接➡有感情的工作
・跟大學時期的朋友往來➡與朋友的時間（做自己喜歡的事情的時間）
・勞動方式改革說明會➡已經習慣、熟悉的做法
・業務會議➡「想讓客戶高興」的情緒
・期末成績發表➡想呈現的結果、成果
➡如果再稍微深究，「自己可能不適合這份工作」、「可能欠缺這份工作所需的條件、能力」等等，意識到自己以前認為擁有的其實可能並不具備，這個想法也會連結到悲傷。
・客戶的抱怨➡周圍的評價
➡或許有些難以理解，但只要被認定「理所當然要做到完美！」，就算是一點小失誤也會受到責罵，即使已經很認真地做事也不會受到肯定。

這些「重要的事物」與1丁目介紹的憤怒表相同。

也可以說，那些愈想要為了保護什麼而努力的人，愈會體驗到悲傷這種情緒。凡事可以不歷經悲傷或許很不錯，但那是生命中無法避免的事情、不全是壞的，也有好的一面。因為有「悲傷」的情緒當線索，才能讓我們察覺「失去了什麼」。任何事情都是如此，只要知道

原因，處理起來就容易多了。

先把悲傷的情緒當作線索，試著俯瞰自己處於怎樣的情況中吧！

悲傷之所以會反覆出現，其實就是告訴我們「失去了某個重要事物」。當察覺到自己的悲傷情緒時，試著問問自己：

「自己失去的重要事物是什麼呢？」

知道後就能俯瞰「自己現在因為失去○○，所以覺得悲傷」的狀況。

我以諮商師的身分提供諮商時，也會一邊聽著悲傷的案主傾訴一邊想著：

「這個人失去了什麼重要的事物呢？」

「已經無法挽回了嗎？」

感到悲傷時，與其沒來由地沉浸在悲傷的情緒中，不如以俯瞰的角度了解自己所在情況，其實只要這麼做，人就會覺得輕鬆許多。

其中有一點需要注意。說到「失去的事物」，或許只會聯想到對自己不好的情況，其實

☑ 引起悲傷的「重要事物」表

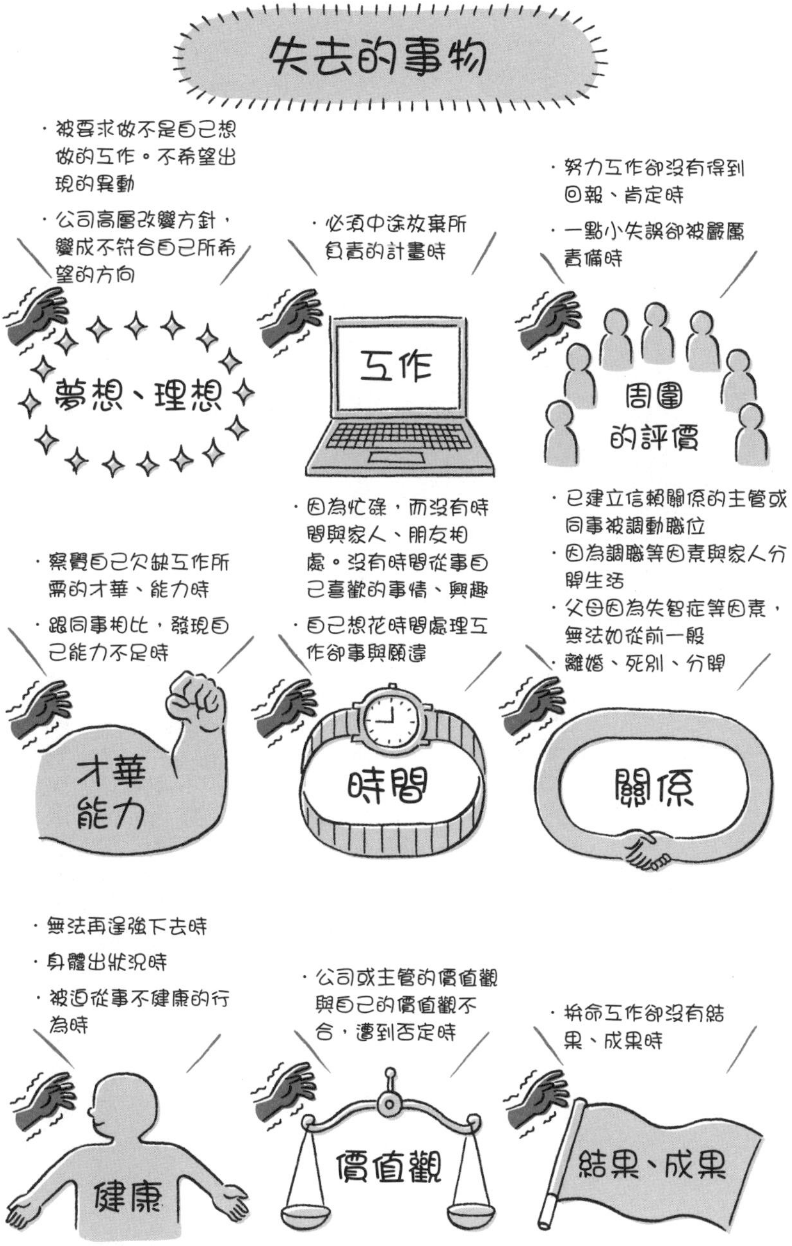
失去的事物
・被要求做不是自己想做的工作。不希望出現的異動
・公司高層改變方針，變成不符合自己所希望的方向
夢想、理想
・必須中途放棄所負責的計畫時
工作
・努力工作卻沒有得到回報、肯定時
・一點小失誤卻被嚴厲責備時
周圍的評價
・察覺自己欠缺工作所需的才華、能力時
・跟同事相比，發現自己能力不足時
才華能力
・因為忙碌，而沒有時間與家人、朋友相處。沒有時間從事自己喜歡的事情、興趣
・自己想花時間處理工作卻事與願違
時間
・已建立信賴關係的主管或同事被調動職位
・因為調職等因素與家人分開生活
・父母因為失智症等因素，無法如從前一般
・離婚、死別、分開
關係
・無法再逞強下去時
・身體出狀況時
・被迫從事不健康的行為時
健康
・公司或主管的價值觀與自己的價值觀不合，遭到否定時
價值觀
・拚命工作卻沒有結果、成果時
結果、成果

也有乍看之下對自己好的情況。

舉例來說，耗時三年的計畫以成功收場時，表面看來或許充滿成就感，極為幸福，不過同時也是揮別打拚許久的計畫，可以說是失去的情況。其他也有升遷（升遷本身可喜可賀，卻必須離開第一線工作）、上司榮調（已有信賴關係的主管調動）等等。

「明明是可喜可賀的事情卻沒有歡欣鼓舞的情緒。」

像這種時候，不妨也找找看有沒有失去的事物。

☑ 悲傷會告訴我們：「接下來只要這麼做就對了」

想挽回，就要採取行動！

把握自己的狀況後，接下來就要判斷那個重要的事物「已經失去、無法挽回」或是「有挽回的可能性」。

如果還有可能性，LUCKY！就要優先採取挽回的行動。以失去跟朋友相處的時間為例，像是可以花點心思「自己當主辦人，配合自己的行程規劃同學會」。

①先挑選出可以採取怎樣的行動，挽回快要失去的事物
②檢視實踐的容易度，以及能發揮多少效果
③按照優先順序開始一一嘗試

就以這樣的流程，去挽回失去的事物吧！

☑ 挽回失去事物的3個步驟

具體確認快要失去的事物是什麼

> 快要失去的事物
>
> 與重要友人相處的時間

列出足以挽回的行動

> 列表
>
> ・自己企劃與朋友的聚會
> ・邀請朋友到家裡
> ・在提早下班的日子找朋友
> ・提出假日聚會的方案

檢討實踐的容易度、效果，排出優先順序

> 「自己企劃」、「邀請到家裡」應該有效果，但可能因過於忙碌而難以落實。不用全員到齊，在自己提早下班的日子試著找人感覺比較簡單，也有一定的效果。

從較優先的開始計劃具體的行動並實踐

時間	下一次感覺可以早下班的傍晚
地點	從職場出發
方式	用LINE跟社團成員傳送訊息
準備	事先找好適切的店家

事先明白
或許也得經歷「告別」

當然，不全是能挽回的情況。若是到了「完全失去」、「已經無法挽回」時，該如何與悲傷相處呢？很可惜，世界上沒有「只要這麼做就能瞬間從悲傷中解脫」、「讓悲傷消失不見」等如魔法般的方法，畢竟失去的事物對你來說很重要。但還是有能夠幫助你向前邁進的方法。

失去了重要的事物之後，人會歷經怎樣的過程呢？德國精神科醫師庫伯勒・羅絲（E. Kübler-Ross）提出「失去的5個階段」。因為是以如餘命宣告這種失去「自己的生命」般終極的失去為例，所以也被稱為「接受死亡的5個階段」。雖然有程度上的差別、且各階段耗費時間可能不同，不過無論裁員或是離婚，或是失去先前所提到的自我理想、時間、價值觀、可能性、周圍給的評價、能力時，也都會出現相似的過程。經歷過跟重要事物「告別」的過程，人才能稍微往前邁進*。

試著將5個階段套用在剛開始提到的案例——被要求讓他人接手工作看看吧。

＊雖然這邊提到了庫伯勒・羅絲的理論，不過後續所介紹的處理對策是設定在工作場合上會發生的「失去」。如果是失去某個重要的人導致悲傷時，還是建議尋求專家的協助。

第一階段：「我不承認！」（否認）

起初是「不想承認失去」的階段。無法接受發生在自己身上的事情，「不可能那樣」地予以否認。被要求讓他人接手自己負責的工作，雖然表面上說「我知道了」，情緒上卻無法立刻轉換成「好的，這樣啊，我知道了」。

「為何、為什麼？是不是哪裡弄錯？」

或許心中會浮現那些字句。

這個階段情緒所肩負的任務是承受衝擊。由於要立刻接受事實的衝擊過大，因此會透過否認來保護我們。

第二階段：「怎麼會發生這種事！」（認知到失去並感覺憤怒）

接著是不得不稍微認知到「失去」，轉而對他人、公司產生憤怒情緒的階段。因為必須

☑「告別」的5個階段

階段	說明
否認	無法接受已經失去的事實
認知到失去並感覺憤怒	不得不認知失去而產生憤怒情緒
討價還價	為了挽回失去的事物而討價還價
陷入深沉悲傷與抑鬱	再怎麼努力也無法挽回，漸漸面對失去
接受	慢慢能接受失去

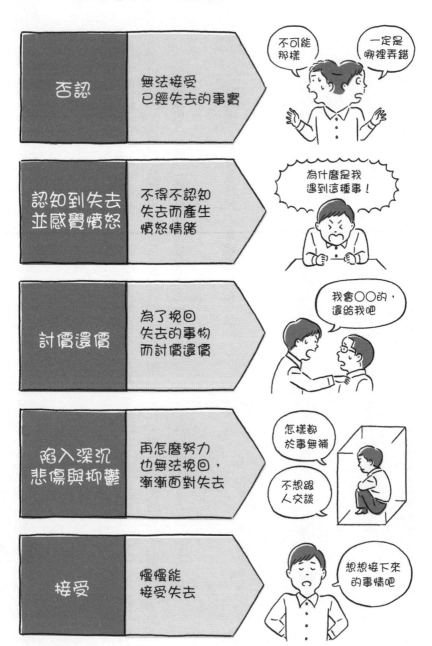

放掉努力參與至今的工作，而產生「為何自己得受到這種對待！」的想法，對公司、主管感到憤怒。

此時也會因憤怒而胡亂發脾氣，不過這樣的舉措會讓自己跟周圍的關係惡化，所以建議採取其他方法。這種時候請參考1丁目。其實憤怒的產生也表示稍微開始接受「失去」。

第三階段：「得想個辦法……！」（討價還價）

為了挽回失去的事物而出現「如果改成這樣的話……」，像這樣東想西想的階段。

「我會比之前更努力，請讓我回到原本的工作！」

「我會更虛心聽取教誨，讓後輩接手的事可以再緩緩嗎？」

會以這樣的態度討價還價，企圖挽回失去的事物。這種想法可能在腦海中不斷地縈繞，或是真的跟主管或是周圍的人協商。

第四階段：「沒有幹勁……」（陷入深沉悲哀與抑鬱）

「怎樣都無法挽回嗎？」過了死纏爛打、討價還價的階段後，「再怎麼努力，失去的都已經回不來了……」終於邁入面對失去的階段。然後深沉的悲哀襲來，開始感到失落。

「全心投入的工作最後卻無法自己完成。」

開始慢慢地了解。接著，

「之前那麼努力投入究竟算什麼？」

難以理解這之中的意義，也提不起勁與人來往而容易顯得孤立。進入這個階段後也請參考3丁目的內容。

第五階段：「雖然對失去感到悲傷，但也差不多該往下一階段……」（接受）

心思在到目前為止的階段來來回回後，最後終於能接受失去。接受無法回到想做的工作，也稍微能提起勁面對接下來的工作。

「流淚」其實能有效撫慰悲傷

悲傷時會想哭、流淚。或許對眼淚沒有好印象，但其實具有3種效果。

舒爽（淨化效果）

依據眼淚研究者威廉・弗雷（William H. Frey II）的調查，有73%的男性以及85%的女性認為「哭完後比較舒服」。心理學用語中有「淨化效果」一詞，像是透過語言傾訴自己的煩惱、不安、煩躁等情緒，進而緩和痛苦，也算是諮商的一種效果。

情緒即使只用流淚，不用言語表達，也具有淨化效果。因此才有「哭完後比較舒服」、「感到舒爽」的感覺。

容易進入放鬆模式

眼淚有下述3種。

・**避免眼睛乾澀，平常就會分泌的基礎分泌量**

・切洋蔥時，或是眼睛有異物時會出現的流淚反應
・悲傷等等伴隨情緒的淚水

悲傷的眼淚是來自副交感神經作用。人的身體具有以下兩種模式。

・交感神經優先的戰鬥模式
➡也就是處於緊張狀態，會讓血壓、心跳提升，肌肉緊繃。工作時屬於這種模式。

・副交感神經優先的放鬆模式
➡緩解肌肉緊繃，血管擴張，讓血壓跟心跳下降。就寢時屬於這種模式。

流淚，會讓人自然地從緊張狀態切換至放鬆狀態。

雖然是題外話，因為壓力而導致的自律神經失調，就是來源自無法順利從戰鬥模式切換到放鬆模式。無法順利切換的話，

「好像很難入眠……」

☑ 眼淚的3種效果

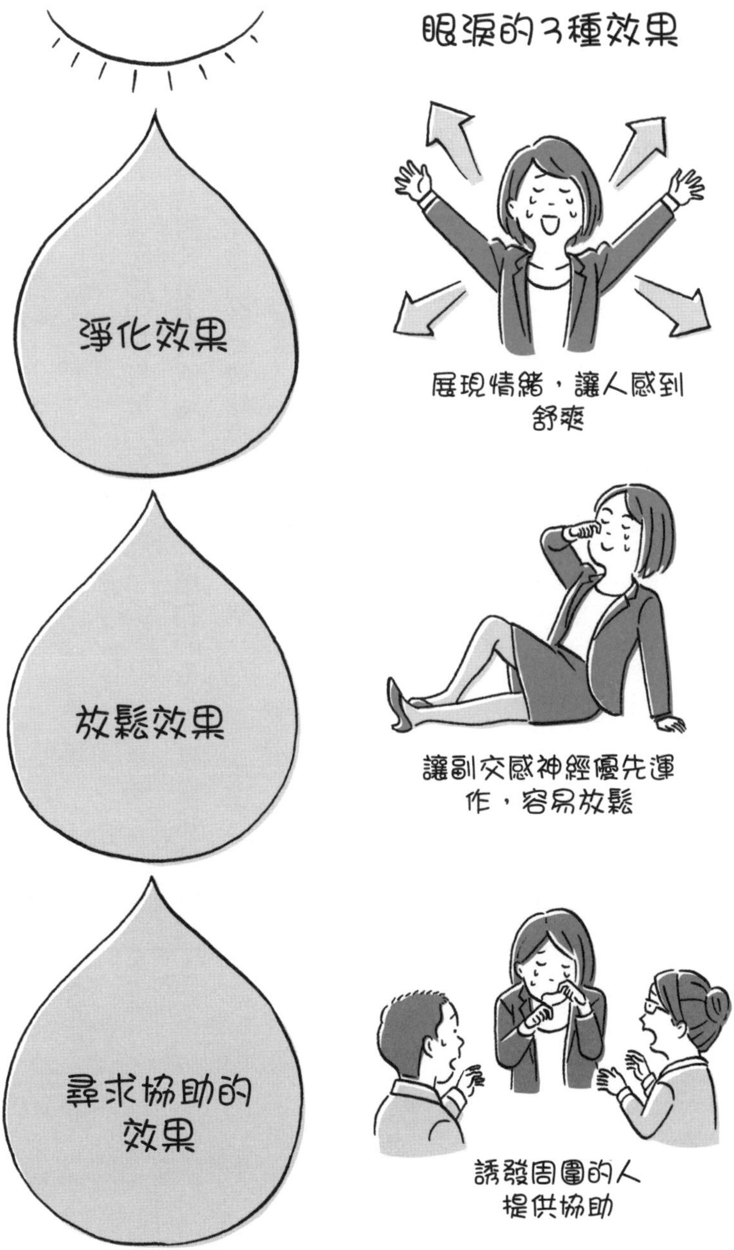
眼淚的3種效果
淨化效果
展現情緒，讓人感到舒爽
放鬆效果
讓副交感神經優先運作，容易放鬆
尋求協助的效果
誘發周圍的人提供協助

「消化不良……」

「血壓容易升高……」

身體也會陸續出現影響。

當持續處於壓力狀態時，不妨看些感動的電影或是書籍促進流淚！

這樣就能自己啟動放鬆模式了。

尋求協助的效果

當家人或是朋友哭泣時，我們通常會有「怎麼了嗎？」等擔心的情緒，或是「想為他做些什麼」的情緒吧！眼淚，也有誘發周圍的人提供協助的效果。

不過，因為社會上「應該如何如何」的意識，讓我們有「在人前哭很丟臉」，覺得必須忍耐的想法。在職場這樣的公眾場合流淚，有時也可能得到負面評價，也會讓自己覺得尷尬或是不好意思。

那是不是一個人哭就好了呢？不過缺點是，他人會無法了解自己的悲傷情緒，從而無法得到協助。

最好的做法是：「在特定的人面前哭泣，讓他了解自己的悲傷」。這麼一來就能讓情緒輕鬆不少。

我自己也無法在人前哭泣，不過卻曾經無預警地在人前大哭過。那是在某次出差時，跟國小同學吃飯，在續攤的一間酒吧中突然這樣的。那間店我是第一次去，除了店家、同學和我之外，吧檯還有男女各一位客人。那時的我因為對未來感到迷惘而跟同學談心，聽到內容的女性客人嚴厲地跟我說了一些話，或許也因為喝了點酒，總之讓我淚流不止，號啕大哭到一發不可收拾的地步。對第一次前往的店家感到不好意思，也覺得很抱歉……不過出乎我意料的是，其實在人前哭泣並沒有我想像中那麼難受。結果回到飯店後也繼續哭，隔天早上情緒反而變得舒爽且輕鬆。店家很擔心我，幾天後也傳給我溫暖的訊息，與那位朋友也變得更無話不說。雖然東京跟大阪有點距離，但每年都會去找他聚會幾次。

就像這樣，展現眼淚也具有讓關係變得深厚的效果。如果受到「在人前哭泣很丟臉」想法的限制而無法哭泣時，先試著說出這樣的句子吧！

「難受到想哭！」

「好想哭。」

透過接受「想哭的情緒」，就會慢慢認為「哭也沒關係」。當受到他人溫暖的對待，或許就會動搖，自然而然就流淚了。

從「失去的事物」中發現意義的5個方法

無法改變「失去重要事物」的事實，但是卻可以自己選擇「如何看待發生的事情」。「為什麼會變成這樣呢……？」可以持續沉浸於悲哀，不過也可以從中發現意義。發現意義，悲傷的事情才能成為我們成長的養分。

那麼，如何才能從失去發現意義呢？有5個方法。

①尋找「好處」

首先就是從事件中找到正面意義。

- **能重新認識職場的狀況、人際關係**
- **經歷過的事情成為自己的養分**
- **因為失去而出現新的可能性**

試著向前看吧！

「在這樣的時機點發生了那件事情，究竟具有什麼意義呢？」

也可以試著思考事件具有的含意。

以業務會議的例子來說，在優先考量利益的部長底下工作，而失去「想讓客戶高興」的重要信念。該怎麼從中找到正面意義呢？

「對自己而言，工作的重點在於『讓客戶感到高興』。」

「客戶高興的話，連帶會產生工作的成就感與喜悅。」

發掘自己工作的價值也是其中之一。此外，

「在價值觀不同的部長底下工作，在適應環境的同時，又該如何珍視重新發現到的工作價值呢？這既是值得花心思的部分，也是能讓自己成長、具挑戰性的機會。」

應該也能這麼看待吧！

②留意有道理的部分

在事件中尋找稍微有道理的部分也是一種方法。如果套用在勞動方式改革說明會的例子上的話……。

「因為要拜訪客戶的人員很多，座位使用率不高，顯而易見地可以減少成本，公司這麼做也有道理。」

「推動減紙運動如果能讓辦公室清爽一些，或許工作情緒也會更好。」

就像這樣試著尋找自己也能認同的部分，如果能找到稍微有道理、能認同的地方，就會減少自己內心的抗拒反應，進而變得能夠退讓，對人際關係來說也有好的效果。

此外，確實了解有道理的部分之後，如果能提出「這個部分還是原本的比較好！」的提案，也會讓對方覺得不是「只想墨守成規的頑固傢伙」，反而更容易接受你的提案。

③理解自己

套用業績發表的例子，無法如預期展現成果，懷疑自己的條件、能力不足，失去自信而覺得悲傷。此時若能改變看法，因為發現了自己不擅長的部分、弱點，所以也可以說是「更了解自己」。以此為契機，考量自己不擅長的部分、弱點，審視自己擅長的部分、強項，也能進而思考「怎樣的工作才能讓自己發揮長才呢？」。

④重新設定角色、目標

以期末業績發表的例子來說，從③理解自己，就能重新檢視職場、工作上，自己的角色及目標。考量自己的強、弱、擅長與不擅長，重新設定自己的目標與角色後，就可能可以跳脫「不擅長的事情也得痛苦地做下去」這樣不幸的泥沼。不只是單純改變看法，同時也配合新的角色與目標改變行動，如此一來就能在職場中重新定位了吧。

⑤誇獎自己

以收到客戶抱怨為例，是失去了「周圍對自己的肯定」。這時把焦點放在即使處於嚴峻的環境中仍努力工作的自己，也是一種方法。

目前的社會結構已呈現「沒有成果就不會受到肯定」的現狀，讓人無法湧現力量。沒能成功、沒有出現好結果，也應該要認同過程中竭盡全力、付出、努力的部分，肯定自己「雖然可惜，但已經盡力了！」這樣才能湧現力量繼續往前邁進。

「就算這麼說，自己沒有那麼努力……」

「找不到自己的優點……」

愈是這麼想的人，就愈是真正努力付出的人。倘若覺得「要自己誇獎自己的努力有點……」，那麼讓旁人來說「你做得很好！」也是一種方法。我每年都會跟大學時期的3位友人舉辦「年度檢討會」。回顧自己的工作，從友人那裡獲得正面回應，進而湧現「今年也能加油」的力量。

到目前為止，已經介紹了如何從失去中找到意義的5種方法，不過不需要勉強找到，或是要強迫自己記住。5種方法都去試試看，讓自己自然而然有「好像是這樣」、「或許是那樣沒錯」的想法就夠了。每前進一個「告別」的階段，那樣的想法也會跟著慢慢地拓展。

如果跟情緒、感受配不起來，就用其他衡量方式

COLUMN

「心情如何？」

被這麼問的時候，是否也會想回答「沒什麼呀」、「沒特別覺得怎麼樣」呢？閱讀各個情緒篇章時或許也會想「原來也有這種人啊」，而不覺得跟自己有關。舉例來說，在1丁目的憤怒中有提到「發怒」、「怒髮衝冠」等等「身體感覺出現變化」的樣子，卻始終兜不到自己身上。

如果是健健康康的狀態也就罷了，但也可能會出現——

- **偏頭痛、背部痛等等的慢性疼痛**
- **肚子時常出問題**
- **心悸、暈眩、耳鳴**
- **持續感到疲勞**

……等等的不適狀況。自己心裡以為「沒什麼特別討厭的感覺、我沒事」，其實卻把

一切都扛在身上。像是手掌打了麻醉所以不會感到疼痛，不過不等於用針扎就一點事也沒有。雖然自己不感到痛，但是皮膚受傷一樣會流血，一樣會造成實質的傷害。同樣地，就算情緒上沒有變化，還是可能出現「不知不覺累積壓力」的狀況。

當同事胡亂把工作塞給自己時，會挑起「憤怒」的情緒，進而採取保護自己的時間、工作的行動。

當計畫終止時則會挑起「悲傷」的情緒，透過從周圍獲得協助，一點一滴地從失去中找到意義進而回復。

原本應該如此，不過當情緒難以產生變化時，就不會反抗而是默默接受。即使周圍的人覺得「被這麼說、被這麼要求，沒關係嗎？」也會回答「其實沒有很嚴重」，而被認為是「抗壓性強的人！」讓人覺得「對他胡亂要求也沒關係」反而可能增加負擔。

如果情緒跟感受搭不起來，就使用其他衡量方式吧！

可以取代「憤怒」的衡量方式

「是不是有被不公平的對待」跟其他人比較，試著想想看吧！

・團隊中只有自己得做雜事
・總是得負責棘手案件

如果有「不公平」的情況，請試著運用1丁目介紹的DESC法，對主管、同事表達希望能有公平的對待吧！

可以取代「悲傷」的衡量方式

可以檢視最近是否有發生「告別．離別」、「遺失物」等事件。如果有發生的話，即使自己沒有特別覺得需要，也要

・找交情好的朋友喝一杯
・挪出時間跟家人好好相處

試著增加感到自在的人際關係時間吧！

可以取代「失落」的衡量方式

可以運用在3丁目所介紹，察覺反芻思考的檢查表。

如果符合檢查表中3個以上的項目，即使覺得自己沒有感到「失落」，也請嘗試3丁目提到的應對方法吧！

可以取代「不安」的衡量方式

試著檢視自己「是否只想著悲觀的未來」吧！

如果連回到家後、假日，也都在想著「萬一無預警被客戶投訴」、「發現自己的粗心錯誤」時，請閱讀4丁目，並試著使用其中所提到的處理方式。

為什麼情緒、感受會搭配不起來呢？或許是因為把「現在的自己感受如何？」這種探索內在的行為，視為「從沒做過」、「所以沒必要」的緣故。

我在替人進行諮商，詢問他們：「當時的感受是如何？」時，有些人對發生的事情、自己如何反應等等，只會回答：「感受？不太清楚。總之因為被那麼說了，所以想要反駁。」這一類用眼睛就能觀察到的表面內容。

「從小，自己的未來方向就被決定了。」

「學校、父母要求的學習、才藝，光要完成那些事就讓自己耗盡心力了。」

這種情況下可能很少有正視自己情緒、感受，「自己想怎麼做」這樣聆聽內在聲音的機會。

這樣的人長大後仍會專心於工作不會停下腳步，並且只注意身體外部的事件。不過水面下，情緒還是會不時發出警報，表達「這個不是自己真正想做的事情」，而身體則會透過健康狀況不佳等方式呈現。

請先使用這裡所介紹的代替情緒的衡量方式，並且也嘗試122頁介紹的留意自己內在的練習——「正念」。

情緒問題地圖
BUS
3丁目
失落
目的地
混亂感持續，
壓力增加。

事情不如預期，連帶其他事也失去自信、陷入泥沼

栗田先生因為人事異動而調到業務部，經過三個月後，第一次被任命到客戶那裡說明新系統。說明的部分很流暢，課長也說「容易理解」，不過最後的問題卻沒能好好回答就這麼結束了。

「竟然對提問無法做出令人滿意的回答，我一定不適合當業務。一同出席的課長一定也對我感到灰心。目前為止的業績雖然還算順利，不過只靠自己的能力一定無法滿足顧客。我的評價只會慢慢變糟的……。」

就連在回家的電車中，也想著課長失望的表情。

吃晚餐時也想著：「要是能這樣回答不就好了？」

躺在床上也想著：「去之前如果能調查清楚，一定就可以好好回應……」等，這樣做就好了、那樣做就好了的想法不停浮現。

週末與朋友見面時，也不禁想起工作的事情，無法享受難得的假日。

像這樣，事情無法如自己預期進行時，或是目標無法達成時，我們就會失去對自己的能力、存在價值的自信。這麼一來，不僅是對當初不如預期的那件事失去自信，連帶地做其他事也提不起幹勁及能量。失落的情緒就是指像這樣氣力盡失的狀態。

失落時我們會持續指責自己：「要是那樣做就好了」、「要是這樣做就好了」。無法看到自己的強項，並且過度低估自己的能力。

由於無法採取積極的舉措，所以也就無法脫離這個泥沼。

☑ 一旦陷入失落泥沼就難以掙脫

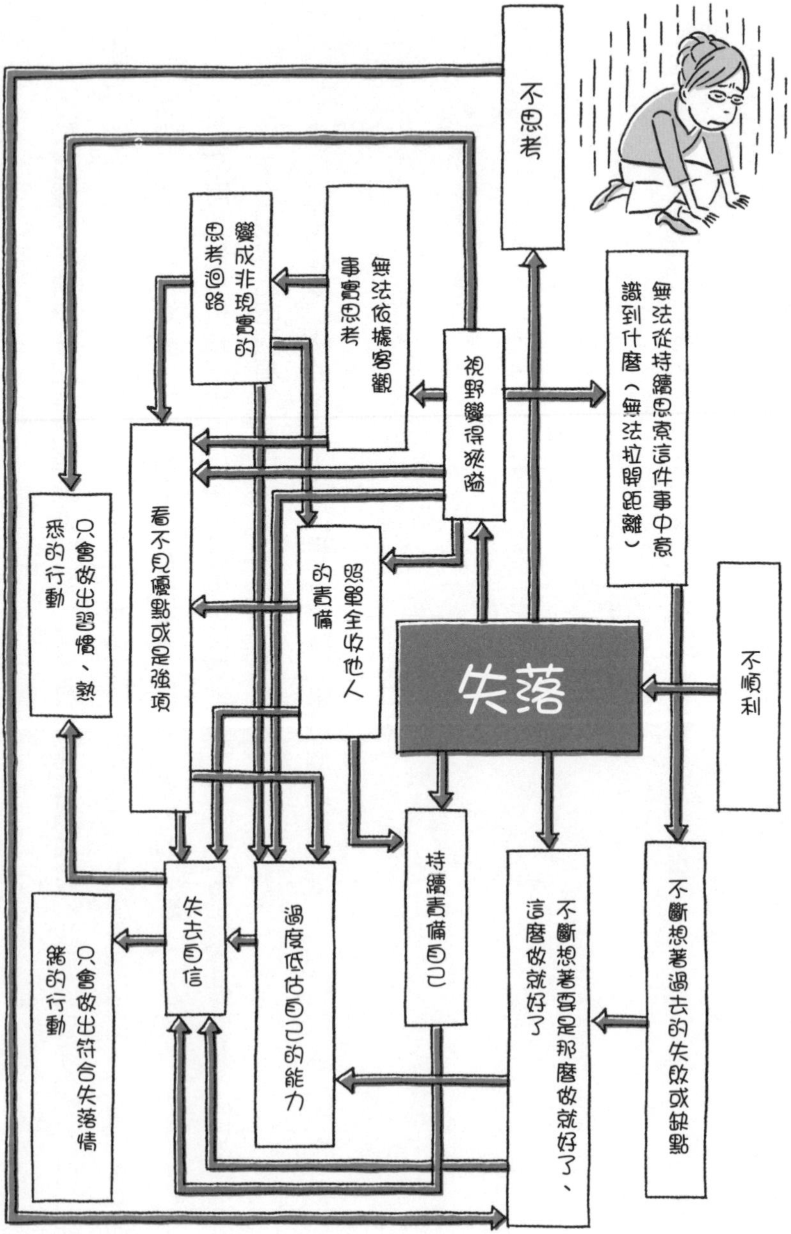

延長失落會增加「反芻思考」的負面影響力

氣力盡失必須補充能量，也就是讓自己休息。不過麻煩的是，有可能再怎麼休息都無法從失落走出，讓失落期延長。這個時候，我們腦海中浮現的想法是：

「對於未來的看法是不是太過天真」
「如果能早點聯絡，或許結果就會改變」
「簡報時如果也加入那份資料就好了」

……等等，反覆思考著過去的失敗或是自己的缺點，這樣的思考模式就稱為「反芻思考」。

陷入反芻思考時，我們並非是刻意要「思考」，而是在通勤的電車中、用餐時、泡澡時、就寢時自動地浮現這些。也就是「明明不想思考，卻怎麼也揮之不去」的感覺。因此很難意識到「自己正陷入反芻思考」，而會無法停止思考，反覆且持續地想著。

就像不知不覺讓自己置身在颱風的暴風圈一樣，等到發現時，已經受困在強大的力量中無法掙脫、處理。然後重複「要是這樣做就好了」、「要是那樣做就好了」地責備已經無法改變過去的自己，讓力量不斷流失，同時也無法湧現新的力量。

他人對自己的責備，也常常會讓稍微暫緩的反芻思考重新運作。

「怎麼連那種事情都做不到！」

「你的分析太天真了，應該可以想出更好的對策吧！」

「都過這麼久了都不見成長，這樣可不行啊！」

（已經第5年了還被這麼說，真沒用。主管說的對。我沒有信心繼續工作了……）

就像這樣，把某人責備自己的話照單全收，就像那個人在腦海中來回移動般，讓反芻思考更趨膨脹。這樣的「反芻思考」也會提高憂鬱症的風險。

反芻思考棘手的部分不只如此，如果對反芻思考置之不理，反而會匯集能量，加深它的影響力。起初只是想著責備過去的自己「要是這樣做就好了」、「要是那樣做就好了」，之後就會擴大範圍，演變成無視正面、事實的想法，或是對未來極度悲觀的想法。

開頭提到的栗田先生的例子也是如此。「事前如果調查清楚就好了」，不只責備過去的失敗，也出現「我的評價一定會更糟」這種對未來懷著悲觀的想法，即使「以前一直都是好成績，也成過往雲煙」般完全無法正面看待。

極端悲觀的想法也會對判斷力產生影響。由於會低估自己的能力，因此也可能錯失難得的商機或是造成新的失敗。

愈是「不想」、「忘了吧」，愈是揮之不去

「必須從反芻思考中掙脫！」

為什麼愈是這麼想，反而愈容易深陷其中呢？我曾經聽過好幾次這樣的對話。

「盡可能不去想」

「對自己說，要快點忘記」

我非常能體會想這麼做的心情，不過名為魏格納（Daniel Wegner）的心理學者曾透過

「白熊實驗」指出，這麼做反而更難成功。實驗中分成下列兩個組別。

・起初就被告知「請不要想到關於白熊的事」的組別

・什麼都沒被告知的組別

哪一組會湧現更多關於白熊的想法呢？

結果當然是前者。我們愈是想著「不要想吧」、「忘了吧」反而會頻繁地想起。

那該怎麼做呢？建議依循以下3個步驟。

①意識

②拉開距離

③回歸現實思考

意識到反芻思考的5個重點

反芻思考就像咖啡館播放的背景音樂，在自己也沒察覺的情況下在腦中播放。首先要從意識到自己正「處於反芻思考中」開始。如果覺得「最近好像提不起勁」，請試著用下表檢查看看吧！

- □ **反覆想到過去的事情**
- □ **浮現「為什麼做了〇〇，為什麼沒做〇〇」的想法**
- □ **無法停止想這件事**
- □ **浮現責備自己的想法**
- □ **以「絕對」、「總是」、「錯不了」等誇飾的方式思考**

如果5項中符合3項，很可能就是處於反芻思考中。

與反芻思考拉開距離的4個方法

為了減少反芻思考的影響力，接下來要介紹拉開距離的步驟。就像從颱風暴風圈向外踏出一步就能回歸平靜，如果能夠與反芻思考拉開距離，之後的對策也會比較好進行下去。有以下4個方法。

①試著用「現在自己正想著～」來表現

「只是這樣？」或許會這麼想，但效果出乎意料的好。

「對未來看法太過天真……」
「明明可以做得更好……」
「那個時候如果這麼做……」

不是像這樣漫無目的地持續想著，而是像接下來的表現方式。

「現在的我正想著『對未來看法太過天真』」
「現在的我正想著『明明可以做得更好』」
「現在的我正在想著『那個時候如果這麼做就好了』」

這麼一來深陷反芻思考中的自己，就能分成「處於反芻思考中的自己」和「正在觀察的自己」。

②試著量化「現在程度大約多少」

以數值評價時，就必須客觀審視對象，因此就會自然而然地與反芻思考拉開距離。雖然剛剛都以颱風作為例子，不過也請試著套用在自己的反芻思考檢視看看。

「具有多少ｈＰａ（百帕）的影響力？」
「這個月的最高紀錄是９４０ｈＰａ，似乎會受到很大的影響」
「如果最強的反芻思考是１００，沒有影響力的反芻思考為０，那會有多少呢？」

此外，也有「換算成錢」、「以重量表現」等等方法，請多方嘗試，找到適合自己的量化方式吧！

③試著寫出來

沒有比這個更簡單的方法，透過寫在紙上，把想法從腦海中提領出來就能將之可視化。如果難以做到前文介紹的在腦中改變說法、量化的方式，建議嘗試看看這個方法。

④對苛責自己的聲音用物理形式「說再見」

因為照單全收了否定連連的主管、其他人苛責自己的聲音而陷入反芻思考時，請試著這麼想吧！

「被苛責的不是我這個人，而是針對『行為』」

接著，建議遠離那樣的聲音。像是被苛責在客戶那裡的說明方式不夠周全時，

「自己本身完全地被否定」

「不只說明的技巧，其他能力也不足」

並非像這樣全盤否定自己，而是，

「僅限那個場合，針對○○的說明有不周全的部分」

視為對行為的提點、建議吧！然後，將注意力集中在改善那項行為上吧！

或許有的主管責罵時會無法區分是針對個人還是行為，在這種責備方式不佳的主管底下工作時，就盡量減少與該主管的接觸等等，在物理層面上拉開距離，讓自己不要受到太多影響吧！胡亂責備他人的言語背後，責備者本身也可能背負著「困擾」。像那位主管可能自己也被時間追著跑、欠缺彈性等等。這種時候自己更需要放寬視野，不要繼續照單全收主管的話。如果腦袋還是無法擺脫主管，開始陷入反芻思考時，請試著運用前文介紹的拉開距離方式吧！

從反芻思考回歸現實思考的5個活動

與反芻思考拉開距離後，就來練習依循現實思考吧！只是拉開距離的話，可能會被再拉回反芻思考，若能回歸現實思考即可加以預防。此外，如果養成現實思考的習慣，過去那些容易陷入反芻思考的狀況，今後都將能依循現實思考、預防失落感。換言之，此舉有助預防復發，以及防範未然。

透過下列的5個活動，就能簡單地讓偏向極端負面的反芻思考趨於平衡。

①檢驗根據

「給我看證據！」

這是在刑事劇常常出現的台詞，不過檢驗想法的根據確實有助於讓反芻思考趨於平衡。因為要列出反芻思考是「正確！」的根據，以及「不正確！」的根據，所以會使用到圖示中的根據表單。

首先，從「反芻思考是正確的！」根據著手。此時的重點是，只寫出任誰看到、聽到都會覺得「沒錯」的客觀事實。像以下的內容就不恰當。

「我覺得課長會避開跟我對到眼」

「我覺得回答提問時，客戶都沒什麼反應」

根據表單

反芻思考

無法對問題提出令人滿意的回答，
自己可能不適合這份工作

想法正確的根據

對所提的3個問題
只能回答出
其中的1個

想法不正確的根據

第一次到客戶
那裡做說明
可以回答出1個提問

依循根據重新思考……

第一次在客戶那裡做說明，雖然對所提的3個問題只能回答出其中的1個，卻不足以證明自己不適任這份工作。只要記取此次經驗，下次先預測對方的提問，並思考對策就好了。

「覺得」、「好像」、「在我眼中是這樣」的內容無法作為根據。如果只能寫下客觀事實，應該會對只能寫出少量內容這件事感到訝異。我們常常會忽視客觀性的根據，自顧自地在腦中胡思亂想而延長失落期。其實只要能留意到這件事，就是很大的進步。

接著是舉出「反芻思考不正確！」的根據。如果想不太起來，不妨試試接下來的活動②或③吧！

寫下了兩種類型的根據後，請以這些為基準，試著整理「這次的事件該如何從新的角度看待呢？」。

②想想「如果是友人處於相同狀況？」～友人建議法

我們都知道當局者迷，為了引導出跟反芻思考不同的看法，可以運用假裝是對朋友提出建議的方法。想像交情好的同事B，在客戶那裡說明時無法好好回應提問，你會對B說些什麼呢？

「第一次在客戶那裡介紹新系統就能流暢地說明，不就已經算成功了嗎？」
「那位課長不會因為這樣就評斷你不行的啦。」
「這經驗不是很棒嗎？下一次會表現更好的！」

應該會出現這些話吧！

或許很難用客觀的角度對自己說些什麼，但如果想像交情好的同事處於跟自己相同的狀況，視野就會變得廣闊，也能說出溫暖的話語。如果，我們也能這麼對自己說就好了。

③尋找看不見的正面含意

陷入反芻思考時容易忽略正向積極的部分。留意正面，才能從偏向負面的思考拉回，讓思考較容易貼近現實。試著留意這些事情吧！

- **自己的強項**
- **擁有的技能、能力**
- **過去成功的事情**
- **過去的成果**
- **目前工作做得順遂的部分**

……等等。那麼套用在這個例子上會是如何呢？

「說明本身很流暢」

「課長說『是清楚易懂的說明』」

「目前為止的成績還算亮眼」

大概會浮現這些吧。

如果想不起來，不妨看一下輸入在電腦裡的數據吧！目前為止自己所經手的工作資料應該會攤在眼前。回顧像是報告書等等彙整過後的東西也是一種方法。重新閱讀過去所收到、向自己表示感謝的郵件或信件等等，也會自然而然地想起正向積極的部分，推薦各位嘗試看看這個方法。

④與人交談回歸現實思考

即使嘗試了前面3種活動後，還是覺得自己難以從反芻思考中掙脫的話呢？這種時候就找個人傾訴吧！

處於反芻思考時，視野通常會變得狹隘。在這種狀態下一個人持續思考，就只會跟苛責自己的聲音持續對話，讓自己深陷反芻思考的泥沼中。讓其他人幫助自己脫離反芻思考的漩渦吧！

要選擇自己能安心傾訴的人，不要過度接近自己圈子的人比較好！因為圈子、立場太過接近，可能會一起陷入反芻思考的漩渦，或是得到過於具體的建議，有時反而會覺得更失落。工作內容不同、立場不同、圈子不同的人很可能會提出「應該也能這麼看吧！」這樣更宏觀的建議。

⑤思考「不斷想那些會有什麼好處？」

多數情況下反芻思考會使人極端地自責、缺乏正面、脫離現實，不過其中也很可能存在著事實。

舉例來說，真的犯錯時會持續想著「犯錯了，怎麼辦」。即使用了根據表單，也難以脫離「實際上就是犯錯了」的束縛。這個時候請試著這麼問自己吧！

「一直想那些有什麼好處？」

這麼一來，就能意識到不斷反覆思考只會讓自己情緒低落，且沒有益處。意識到這點之後，就進入接下來要介紹的行動階段吧！

「不可能這麼做吧！」用行動停止失落

截至目前，介紹了留意自己的「思考」，從失落中走出的方法，不過也有透過「行動」從失落中走出的方法。我們常常會問說：「先有雞還是先有蛋呢？」那麼，是先有「情緒」還是先有「行動」呢？演講時拋出這個問題後，就會聽到「不是先有情緒嗎？」、「因為失落才不想跟朋友出去，窩在家裡」的回答。不過，也有以下的狀況吧！

「被朋友硬拉著外出買東西，結果卻比想像中愉快，進而讓情緒轉好。」

有從「情緒」影響「行動」的過程，就也有從「行動」改變「情緒」的方式。

那麼「情緒」跟「行動」，何者才是我們說想改變就能改變的呢？

失落時再怎麼想「希望不要再繼續失落下去了」，情緒卻還是低迷。不過行動卻能依自己的意志改變，是我們可以掌控的範圍。

適合自己的行動表

能感受到「愉悅」的行動表

- 觀看好笑的影片
- 跟大學時期的同學喝一杯
- 聽喜歡的音樂
- 去貓咪咖啡廳
- 在百貨美食街買季節限定的甜點
- 用花裝飾辦公桌或是房間
- 前往之前就一直想去的店家
- 去遊樂園
- 穿亮色系的衣服
- 一個人去KTV

能感受到「成就感」的行動表

- 把鍋子洗刷得亮晶晶
- 烹調講究的料理
- 慢跑
- 給某人生日驚喜
- 打掃辦公桌、房間
- 把公司共用的杯子洗乾淨
- 整理電腦資料
- 體驗看看英文會話
- 回顧之前經手的工作
- 進去之前一直想去卻提不起勇氣去的店家

接下來會介紹善用從「行動」改變「情緒」，讓人可以從失落中走出，名為「活化行動」的技能。雖然稱為「技能」，其實卻非常簡單，應該能馬上派上用場吧！就是試著採取能感受到「愉悅」和「成就感」的行動，這樣就能從失落中走出。能感到愉悅、獲得成就感的行動因人而異，請先列出適合自己的行動表吧！

列表時的重點是，像以下這樣加入變化多端的點子。

- **效果可以不明顯但要簡單可行**
- **需要稍微花點工夫，但效果令人驚艷**
- **一個人就能做到**
- **和別人一起做**

愈是覺得「不可能這麼做！」愈稱得上是好點子。

「穿亮色系的衣服，不符合情緒！」
「說笑話逗別人笑，做不來！」
「跳著回家，做不到！」

如果有像這樣的點子就對了。不符合失落情緒的行動、沒有做那種行動的心情，才有助於幫助自己從失落中走出。

失落時，跟「是否有做那種行動的心情」無關，一一嘗試表單上的行動吧！透過嘗試，應該就能一點一滴地從失落中走出來。

一旦從失落中走出，就也能從單一模式行動中走出

失落時，人的行為就會變成單一模式，因為喪失自信，所以只採取自己習慣、熟悉、最低限度的安全行動。若是因為能量不足而採取這種行動的話倒還說得過去，但在工作場合上，就可能造成無法採取原先該有行動的狀況。

遇到問題時，人會採取的行動大致可以分成「戰鬥」或是「逃避」。就像遊戲的選擇鍵，實際上人的行動模式也能分成這兩種。

・「戰鬥」型的人⬇遇到困難時會想用不斷加油、努力的方式解決。

・「逃避」型的人➡遇到困難時會想用拖延、由其他人代為處理的方式解決。

如果以接到客訴而必須道歉的狀況來看，「戰鬥」模式的人會不斷想著自己該怎麼做，反覆拜訪客戶道歉、說明，為了開拓新客源而捨棄休假拚業績……。就像不斷用身體衝撞擋在前方的牆壁。但這樣反而會讓對方生氣而說出「煩死了」，或是與投入的心血不成正比而沒有好業績，最後就難以得到好結果。

而「逃避」模式的人則會採取這樣的行動。

・客訴案件讓別人代為處理

・忽視不如預期的結果，透過喝酒遺忘

・跟客戶、職場拉開距離逃避

暫時離開問題或許也有幫助，不過總是用「逃避」的處理方式，也會讓自己永遠無法靠自己解決問題。

「正面迎戰－後退一步」、「獲得協助－獨自一人」用4類別思考現在可以做的事

問題不在「戰鬥」、「逃避」的行動本身，而是行動「變成單一模式」。克服困難的重點在於行動必須有變化！單一模式的行動也可能導致新的失敗或是負面結果。

時而富有韌性努力迎戰；

時而選擇逃避。

職場上的行動有所變化也利於工作進行。或許對「逃避」一詞有不好的印象，不過有時「後退一步」確實有幫助。重點在於依據狀況彈性選擇可實踐的行動。

從失落中走出之後，請試著從「正面迎戰－後退一步」、「獲得協助－獨自一人」4類別思考「現在可以做的事」吧！圖示是客訴狀況時的行動方案，但也能運用在其他狀況。如果發現自己總是採取某一類的行動，請試著刻意採取其他類別的行動吧。

「現在可以做的事」4類別

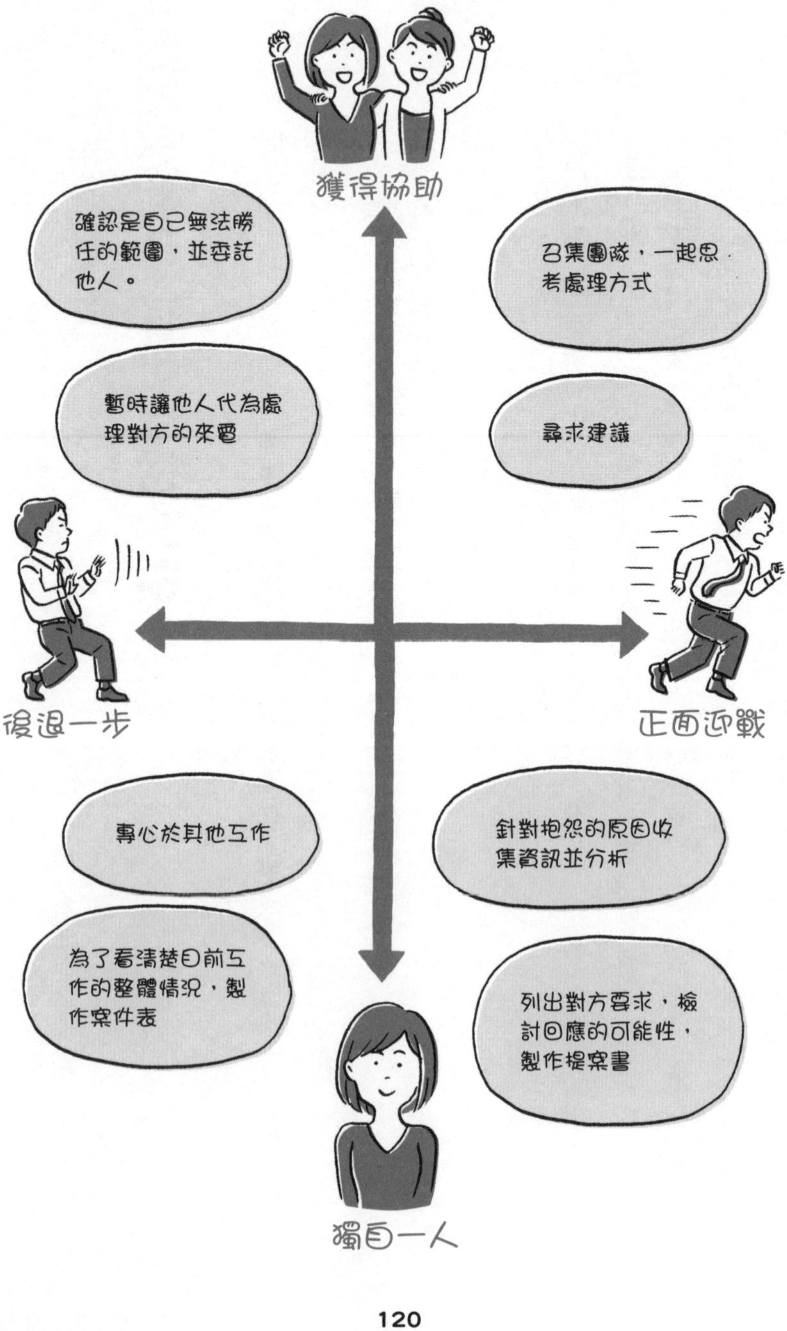

獲得協助
確認是自己無法勝任的範圍，並委託他人。
召集團隊，一起思考處理方式
暫時讓他人代為處理對方的來電
尋求建議
後退一步
正面迎戰
專心於其他工作
針對抱怨的原因收集資訊並分析
為了看清楚目前工作的整體情況，製作案件表
列出對方要求，檢討回應的可能性，製作提案書
獨自一人

☑ 走出失落，才能看到遠處的風景

以「善待自己」簡單落實正念

COLUMN

想到未來就充滿不安時、反覆回想過往的失敗讓自己更加失落時，回歸「當下（現在）」就能幫助安穩情緒。所謂的「正念」就是「不要評價、判斷現在的經驗，而是集中注意力於眼前該做的事情」的技能。由於正念「不給予評價、判斷」，所以不是以「覺得為了這種事情感到失落的自己很丟臉」的角度，而是只有「被主管嚴厲地說了幾句」這樣的客觀事實及覺得「失落的心情」，沒有更多也沒有更少。就像是「原來是這樣啊，呼～」地俯瞰整體的感覺。

接下來會介紹簡單就能做到的正念練習——「善待自己」。善待自己，就是自己留意即將接替發生的「思考（想像）」、「情緒」、「身體感覺」、「行動型衝動、行動傾向」、「記憶」等，用像廣播中現場直播的方法來表現，並搭配以下的例子說明。

思考（想像）

當下自己腦海中浮現的想法用「正在想著～」、「正在浮現～的想法」表現。把它當作不屬於自己的想法或是價值觀，只是當下突然浮現在腦海的事情（像是漫畫中雲狀對話框出現的內容）。

例

「正在浮現『只有自己吃虧』的想法」

「正在浮現『課長笑嘻嘻地跟部長說話』的畫面」

情緒

以「覺得～、有～的情緒」表現。一開始很難明確特定出「這個是憤怒」、「這個是悲傷」，也可能混雜著複數情緒。首先，

「覺得不想看到任何人」

「覺得陷入深淵」

「覺得坐立難安」

用比喻的方式表現也是一種方法。

例

「有『煩躁』的情緒」

「有『不想見到任何人』的感覺」

身體感覺

以「對〇〇有～的感覺」表現。

情緒與身體的生理反應息息相關。像是極為不安、害怕讓緊張升溫時，肩膀就會緊繃、指尖變冷。試著敘述身體哪裡會有怎樣的感覺吧！

例

「『頭』有『怒火直衝腦門』的感覺」

行動型衝動、行動傾向

以「有想〇〇的衝動」表現想採取怎樣的行動。

例

「有『想怒吼』的衝動」

「有『想躲起來』的行動傾向」

記憶

以「浮現○○的記憶」表現想起的事情。

例

「浮現『在上個月的會議中被要求做雜事』時的記憶」

「浮現『學生時期在課堂上回答不好』時的記憶」

透過像這樣的實況轉播，和自己的體驗保持適當距離，才能進一步地觀察、體驗。如果發生當下難以做到，也建議試著回顧一整天，以日記等的方式記錄下腦海中殘存的記憶。

正念也包含冥想等練習，想持續進行的話也可以運用手機APP。英文部分推薦據說全世界有300萬活躍用戶的「Head Space」，日文版則推薦使用一個叫做「MYALO」的程式。只要依照語音提示，就能放心練習。

情緒問題地圖
BUS
4丁目
不安
目的地
混亂感持續，
壓力增加。

為什麼人會感到不安？

要讓人有不安的情緒很簡單。

「明天跟客戶的協商沒問題嗎？」

「下週要提交的資料來得及嗎？」

「我們的計畫撐得下去嗎？」

「還有很久才能領到年金，老後生活會變得怎樣呢？」

聽到這些事，任誰都會有不安的情緒。

人為什麼會不安呢？答案就是因為有「不知道」的事情。從職場的角度思考，可以分成以下3類別。

・將來會如何，「不知道」結果

・對於眼前事情的處理方式「不知道」

☑ 3個「不知道」讓人感到不安

- 不知道是否來得及出貨
- 不知道計畫能否成功
- 不知道能否取得合約
- 不知道何時會被調動
- 不知道10年後公司是否還在

- 前輩突然被調動職位，不知道接手的工作如何做
- 面對日新月異的新技術，不知道自己能否熟練
- 當上管理職，卻不知道部屬的管理方式
- 不知道如何處理沒遇過的問題

- 跟主管報告自己的失誤或是工作結果不理想時
- 要對客戶說出無法回應他們的要求時
- 要跟新調來、聽說很難取悅的主管談話時
- 要用電話回絕時

・「不知道」對方怎麼想、會怎麼反應

不安時容易不自覺做出的3種行動

不安時我們容易出現的行動模式有3種。

①在不安的驅使下胡亂行動

對我們來說「不知道的事」是無窮無盡的。不只是接下來將要展開的未來，就連對方真正在想什麼、感受是什麼，都需要超能力才會知道。就算工作條件100%明確，仍舊無法排除「不知道」的要素。

即使如此，我們為了消除不安，還是會仔細調查過去的資料、跟主管及前輩一而再再而三地反覆確認。乍看之下覺得不安消失之時，它們卻再次一個又一個的出現。別說覺得安心，認為「好了，這樣就能告一段落」了，根本就是在與不安玩你追我跑的遊戲。

②把不安當作「沒發生過」

雖然真的感到不安，卻為了不要看到、不要感受到而加以掩飾。但是不安就像「警報」，起初還只會像鬧鐘一樣嗶嗶嗶的叫，漸漸地發展到嗡嗡作響的地步。如果仍置之不理，就會發出像警笛般的聲音……直到變成「稱不上魔音穿腦卻也吵到難以忍受！」的狀況，最後反而被更強烈的不安擺布。

③不安逐漸膨脹

「跟客戶的新負責人會面會順利嗎？」

起初只是像這樣稍微擔心，

「負責人或許是自己不擅長應付的類型」
「如果是非常神經質的人怎麼辦」
「或許是很跋扈的人」

……也可能像這樣出現連鎖效應，讓不安膨脹。就像自己創造了一個恐怖的怪物來嚇自己般，被不安壓制，築起圍牆阻礙行動，把自己給困住。

不安雖然不是令人愉悅的情緒，卻是連結積極行動的契機。

「因為處於含有『不知道』的情況，所以盡早做些準備比較好」

情緒是這樣子在提醒我們的。那麼，該如何相處才能活用這個契機呢？

我們對於眼睛看不見的東西、隱晦不明的東西，比較無法採取具體對策。因此就從讓內在的不安「可視化」，變得看得見開始吧！有兩個有效方法，讓我們一個一個看下去吧！

・把不安說出口與他人共有

・分別寫出「可以明確化的事」、「『其實』知道的事」、「『真的』不知道的事」

☑ 不安會產生不安的連鎖效應進而膨脹

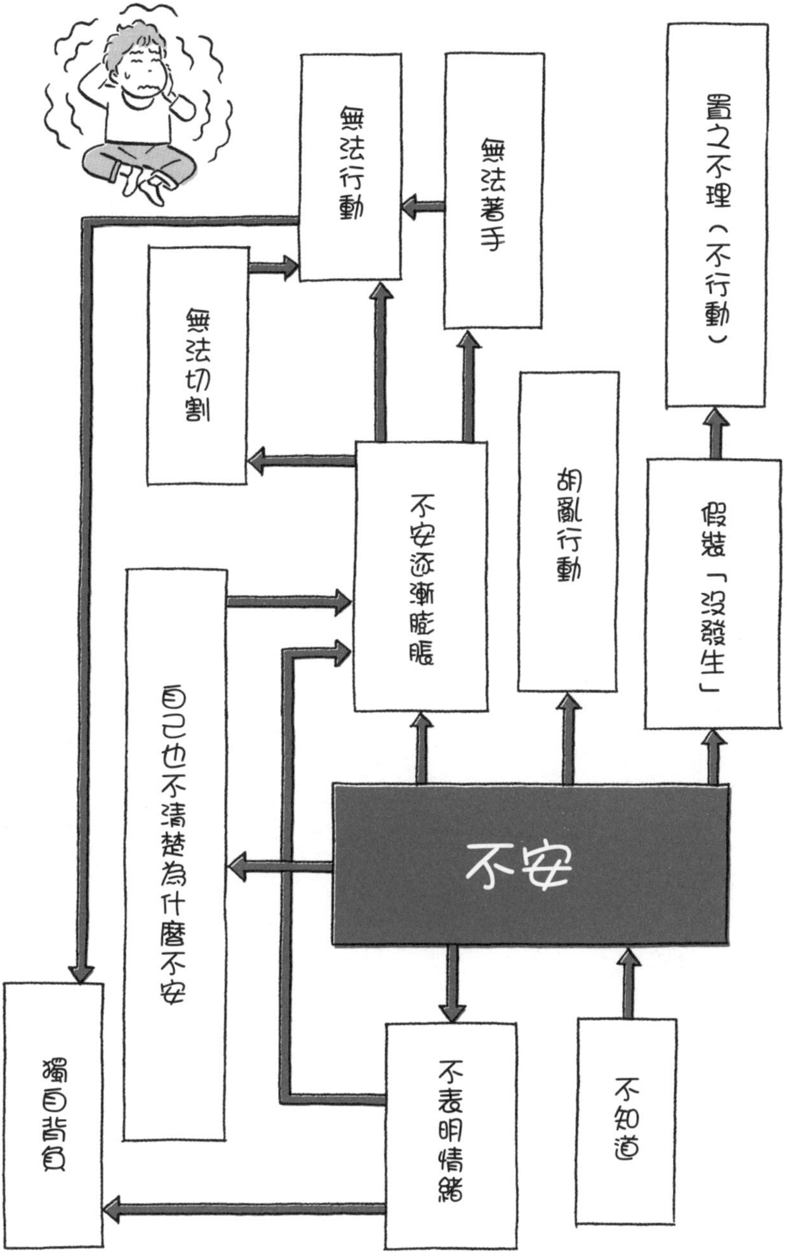

「害怕」和「不安」一樣嗎？

COLUMN

或許有人會想問：「不安跟害怕，有什麼不一樣嗎？」不安跟害怕，其實有兩個不同之處。

・有無對象

⬇不安是在不明確和「不知道」的時候出現；害怕則是在「不知道特定對象的對應方式」的時候出現。

・時間軸

⬇不安是對未來的事情感到「不知道」時產生的情緒；害怕是「不知道現在該怎麼做」時產生的情緒。

其實「害怕」是人類最原始的情緒，從我們還很貼近動物時就已經存在，具有保護我們身體的功用。如果少了害怕，就會提高身體暴露於危險的機率，像是跳進狂暴的大海、潛入有猛獸的森林……等。即使是現代，如果沒有害怕這樣的情緒煞車，人們就會無懼地走向大樓高處或是跳入急流而受傷，使生命暴露在危險之中。

從動物進化而來的我們，變得會使用語言，並且擁有了想像力。因此不只對現在的事情，對未來「不知道」的事情也會擔心這個、擔心那個，而有了「好像會發生不好的事情吧」、「在黑暗中應該會受到襲擊吧！」的想法，進而產生了不安的情緒。

不過我們平常說話時，並沒有嚴格區分這兩者，就算對沒有具體的對象、不明確的不安狀態也會說出：

「沒來由地覺得害怕」

「想到老後生活就覺得害怕」

這樣的話語，對未來的事情也會有——

「被委任到客戶那裡做簡報，很害怕會失敗」

「擔心出貨會來不及，不加班就回家會感到害怕」

這一類用害怕來表現的情況。相反地，對特定對象感到害怕時也會出現以下的表現：

「要撥電話給棘手的抱怨者，會覺得不安、擔心」

就像這樣，嚴格說起來是不同的情緒，但卻又像是屬於同類型的情緒。接下來本章會介紹能對應這兩種情緒的對策。

試著直接說出不安

在客戶那邊作完簡報後，察覺對方的微妙反應時，覺得「好像不妙」而有點不安的話，就試著直接開口吧！

「請問對於我方的提案有任何在意之處嗎？」

「如果有不明白的地方我會再說明一次，請直接說出您的意見吧。」

這麼一來，對方應該會開口說出「價格方面有點……」、「這個內容跟想像中不太一樣……」之類的想法吧！如果能夠知道微妙反應的理由，自己也就能配合做出相應的處理，而不需要懷著疑慮離開。

當然也可能出現「沒什麼意見」的微妙回覆。這種情況就表示仍有某些無可奉告的事情吧！這個時候，只好視為之後會說明的「『真的』不知道的事」。

「新來的主管不知道在想什麼，內心覺得混亂」的情況也一樣。先跟團隊成員中自己比較容易開口的人這麼聊聊吧！

「情緒多變，不知道該怎麼相處。」

「指示也朝令夕改，很擔心這麼下去沒問題嗎？」

或許會收到這樣的回應。

「我也有一樣的感覺！一起想想對策吧！」

「之所以會那樣，好像是因為發生這樣的事情。」

「調動前的單位有我認識的人，聽說要這樣跟他相處。」

就像這樣，或許能得到我們不知道的新情報。這也是沒試著「說出口」就不會知道的事。其實說出口就能擴大「知道」範圍的事情出乎意料的多。

把所有「不知道」的事分3個種類寫出來

把不安寫出來的好處是「可視化」。不只是從自己內在掏出不安，透過寫成文字後觀察，就能拉開距離客觀地看待整個狀況。就算只是寫出來，有時就會想著「什麼嘛，沒什麼大不了的」而恢復冷靜。另一個好處則是，專注書寫時會讓思考暫停，讓不安不再膨脹。

分成以下3個種類，把不知道的事寫出來吧！

- **可以明確化的事**
- **「其實」知道的事**
- **「真的」不知道的事**

重點是在寫出來之前，先把被歸類在「不知道」的事中的「可以明確化的事」跟「『其實』知道的事」挑出來，就能縮小「不知道」的領域。

以「如果不加班就回家，是否能趕得及出貨呢？覺得不安、擔心……」為例，試著思考

☑ 試著寫出不知道的事！

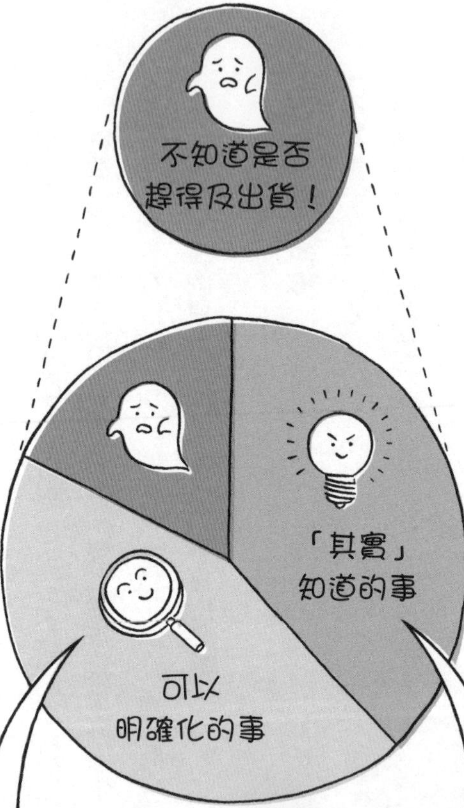

出貨日	2週後（7個工作天）
內容	市場價格調查、報告

作業程序	（目前完成7成，還有15個小時）→ 數據分析（15~30小時）→ 完成報告（10小時）
可預期的阻礙	數據分析由於使用不熟悉的方法，所以需要更多時間
對策	央請對那種分析方法有經驗的前輩幫忙

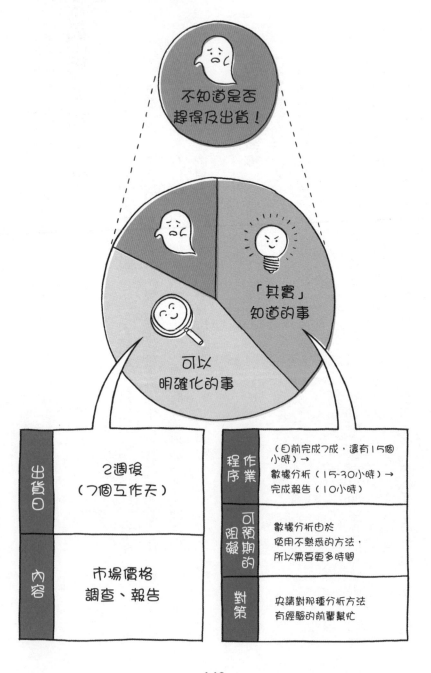

看看吧！

挑出「可以明確化的事」

從「不知道能否趕得及出貨而感到不安」中，先挑出「明確的事」。

・知道出貨日
・工作內容也定下來

這部分應該可以挑出來。

挑出「『其實』知道的事」

試著寫出作業流程吧！這麼一來，自己就能整理出該做的事而增加知道的領域。然後在各個流程標註可能花費的時間。有大致的時程就能規劃出貨期之前的行程、預定事項。

也能試著寫出預期的阻礙、問題等等。如果能夠掌握這些問題，就能事先思索防範對策、確保緩衝時間。

進入到這個階段之後，與起初「不知道能否趕上出貨日」時懷抱著的不明確、不安相比，「知道」的事應該會有所增加。

之後再依據「已經知道了．明確化了」的事情，一步一步落實能做的具體策略。

先前也提到不安時容易出現的行為，對「可以明確化的事」、「『其實』知道的事」採取「置之不理」、「假裝沒發生」的處理方式是不適當的，反而會讓不安趨於膨脹。一旦不安膨脹，人就更無法行動。

舉例來說，跟主管報告失誤時，

「應該會被嚴厲指責吧！」

「會影響評價吧！」

「工作會被收回吧！」

像這樣讓不安持續膨脹，就會想拖延跟主管報告的事情。然而實際去做了之後，主管的反應卻是滿不在乎的態度。

其他像是被指派從未做過的工作時，

「自己應該做不好吧！」
「應該會花很多時間吧！」
「應該是很麻煩的內容吧！」

一旦這麼想，就難以開始行動。

其實很多都是因為「沉重」、「憂鬱」而無法展開工作。不只是在不安愈發膨脹時，自己要面對不擅長、厭惡的工作前也會出現相似的狀態。這種時候，以下的3個方法將可以帶來助益。

①跨出小小的第一步

以撰寫企劃書的工作為例，只要「先製作企劃書的格式」。就像這樣，「如果是這樣應該就能開始」而跨出小小的一步。

②想像完成工作後的景象

想像完成那項工作後自己會有多輕鬆、多舒爽，作為往前踏出一步的動機。

③事先準備完成工作後的「獎勵」

打開珍藏的紅酒、享用平常不會買的高級甜點，什麼事情都可以。當然，這些都比不上工作有進展時，「總算稍微往前邁進了！」這樣的獎勵。

稍微岔開話題，在不安過度膨脹前先將不安分類，並活用這些訣竅試著奮力展開行動吧！一旦開始著手進行，再活用過往經驗，其實會發現很多時候都能超乎預期的順利。

也寫出「『真的』不知道的事」

當然也有怎樣都「『真的』不知道的事」。也試著把那些寫出來吧！

- 發生完全沒想過的問題
- 自己權限外的方針改變了
- 下一次協商對方會有怎樣的回應呢

這些都是未知數。

對於「『真的』不知道的事」，為了想消除不安而胡亂採取行動是不適切的處理方式！此時，只能放下那些「『真的』不知道的事」。

「無論怎麼做，都還是會有我們不知道的事」

必須事先知道的事，像是明天的天氣。「明天會放晴嗎？」、「如果下雨了怎麼辦？」就算不斷苦思或是搜尋各大天氣預報網站，也無法斷定天氣會放晴而因此消除心中的不安。對於這種領域，只能先將「現在的時間點」切割，想著「等到進入知道的領域後再處理」，暫時放手吧！

如果不安與自己的能力、性格相關，就將情緒與某人一同分擔

目前已經介紹「將不安分類並且寫出來，讓不安可視化」的方法，不過要馬上使用這項方法也有困難點，那就是與自己能力、性格相關的不安。像是以下的不安。

「擁有最新技術、知識的新人加入，雖然對工作來說有幫助，不過自己就這麼停在原地好嗎？現在勉強還撐得住，但想到五年後、十年後……。可是現在工作也忙，也沒有餘力。之後再想吧……。」

其實人最不了解自己。在這種不安的情況下，只會注意到自己的缺點，視野也就跟著變得狹隘了。

要面對自己的缺點任誰都會感到痛苦，所以更容易「假裝沒發生」。不過不安不會因此消失，疙瘩始終都在。等到五年後、十年後必須面對時，卻為時已晚，反而必須花更多心力對付。

這個時候可以找人說說話，「一定會感到不安啊」、「當然會擔心啊」讓對方傾聽不安的情緒，就能推自己一把往下一個步驟邁進。與人說話時會夾雜「事實」、「想法」、「情緒」這3種資訊。要讓工作順利進行，向對方傳達事實、理解想法固然重要，但唯有覺得對方「能諒解情緒」時，人才會湧現幹勁及能量。不安時如果有人傾聽那樣的情緒——

「雖然苦，但還是試著正面迎戰吧」

☑ 對話中含有3種資訊

擁有最新技術、知識的新人加入了。
在工作面雖然有幫助，
不過自己停在原地好嗎？

1 事實

「追不上最新技術、知識」等等的事實

2 想法

「自己就這麼停在原地好嗎？」等等的想法

3 心情（情緒）

「不安、擔心、焦慮」等等的心情

當有人傾聽心情，覺得「得到共鳴」時就會變得輕鬆，
也能自然而然地湧現幹勁往前邁進。
也建議鼓起勇氣敞開心胸，試著向他人傾訴心情吧。

就能鼓起勇氣繼續往前進。

一開始先不去面對所有的不安也無妨，只要意識到自己有不安的情緒就夠了。讓別人知道自己有「五年後目前自己的知識與技術或許就無法應付，所以感到不安」的情緒，再一點一滴地往先前介紹的「可視化」步驟邁進即可。只要進入那個階段，與害怕面對不安的時期相比，心情應該會沉著許多。

試著想成「拜不安所賜，工作才能展現成果」

容易感到不安的人通常會羨慕能正面思考、樂觀的人。

「如果能像那些人一樣，覺得『船到橋頭自然直』、『沒關係、沒事的』就好了。」

像這樣，認為正面思考比較好，不安、悲觀比較吃虧。

不過正面思考也有弱點。「船到橋頭自然直」，以及過分盲目樂觀的想法也可能導致未能採取該有的對策而出現問題……。日常生活中也會因為「沒關係、不會怎樣」而導致車子超速釀成事故，或是「自己一定沒問題！」而賭上毫無根據的自信，，結果最後一切成空……。由此可見，正面思考並不一定會帶來好結果。

容易感到不安的人，若能把不安視為警鈴，善加利用在構思對策上，通常會有卓越表現。這個機制在心理學用語中稱為防禦型悲觀（Defensive Pessimism）。研究結果顯示，若要防禦型悲觀發揮功能，重點在於不能厭惡自己「容易感到不安」的特性，而要接受它「能夠幫助到自己」。

「拜不安所賜，工作才能展現成果！」

請這麼思考，好好地跟不安相處吧！

☑ 拜不安所賜，才能展現成果

遠距工作的重點是不「亂想」，要「發信」

COLUMN

遠距工作的型態是指不出現在公司的辦公室，而是在自家或是租借的辦公室等遠離公司的地方（remote）執行業務的工作型態。推廣遠距工作的企業似乎逐漸增加。那麼遠距工作容易挑起怎樣的情緒呢？

- **無法讀取寄件人的「意圖」**
- **不知道同事們的工作會在何時「告一段落」**
- **無法掌握與主管商量、報告的時機**
- **不知道是否有忙到手忙腳亂的同事**

我們在同一個辦公室工作時，會從「觀察」樣子、表情去推敲。由於遠距工作無法看到表情，因此也讓「不知道」的比例增加。

「不知道」，代表怎樣的情緒會增加呢？

如果能知道情緒公式（在什麼時候，會出現怎樣的情緒），一切就簡單多了。沒錯，答案就是「不安」。

「所以才說遠距工作行不通」，其實並不是這個意思。隨著勞動人口逐漸減少，勞動方式變得多元，不這麼做似乎也不恰當吧！再加上其實我們早就落實「遠距」工作了。

- **主管兼任兩個單位，平常都在不同樓層**
- **主管都在東京，只有出差過來才看得到人**
- **總是出差，主管幾乎不在辦公室**
- **同仁都在跑客戶，彼此碰不到面**

或許也有明明在同一個辦公室裡卻不知道隔壁的人在做什麼，這種屬於心理型的「遠距」工作的狀態。

遠距狀態的重點是不「亂想」，以及好好「發送訊息」這兩點。

不「亂想」

遠距工作的溝通工具有電子郵件、通訊軟體、語音通話、視訊通話等等。其中以電子郵件的「亂想」風險最高。

福島

前幾天系統出錯的事，
下一次部長會議時，
麻煩到公司進行說明。

內海

看到這封電子郵件後，如果像這樣誇大亂想就不行了。

「內海課長該不會很生氣吧!?」
「會要我在部長們面前道歉嗎？」
「這次的錯該不會要我一個人扛吧？」

常常說「要讀取字裡行間的意思」，當然就得試圖了解對方意圖，不過卻不能胡思亂想。擅自在字裡行間胡亂填塞，就會偏離事實。如果很在意，請試著用本章提到的「試著直接說出口吧」，「發送訊息」確認對方的意圖、狀況吧！

為此，也可以活用1丁目介紹過的DESC法。

D 這次的系統失誤發生在○○的位置，出現××的影響。

E 由於跟前一任的交接不清而引起，感到十分抱歉。

S 不知能否在部長會議上提出如附加檔的說明？

C 如果有其他的處理方式、需補充說明的地方再請賜教。

可以像這樣馬上回覆郵件或是打電話詢問。

「發送訊息」

遠距工作的工具中，電話可以聽到語調、視訊通話則多了表情與手勢，不過電子郵件卻只有文字的資訊，容易漏掉非語言的要素。心理學研究結果顯示，對話中可以用語言傳遞的訊息只有35％左右，其餘65％則需要靠手勢、表情、語調，也就是「非語言資訊可以補足文字意義」。

「沒問題」

像這句話也是，用忙到手忙腳亂的表情與低沉的語調說，跟用笑臉搭配高亢語調說，聽者擷取到的意思會截然不同。遠距工作時要如何意識「非語言」的資訊並「發送訊息」，就顯得很重要了。

這裡所說的「發送訊息」是指傳遞自己的狀況、狀態。

「與其努力讀懂對方，不如發送訊息時留意不讓對方亂想」

最理想的狀態是雙方都能如此。

工作時感到不安、痛苦、失落──那是再自然不過的事了。這種時候更需要這麼做。

「替工作能否在期限內完成感到不安」

「有點超出負荷，開始覺得難熬」
「因為對上次的失誤耿耿於懷，而感到失落」

就像這樣「發送訊息」吧！
要傳遞深一層的情緒時搭配表情符號也比較方便。

「沒問題^^;」
「沒問題☺」

工作上的電子郵件也可以加入表情文字。
或者也可以成立一個工作聊天室。
語音通話或視訊會議的通訊軟體和鏡頭都要用聲音、影像能生動展現的商品。
（如果自家公司的通訊軟體效果有限，在留意談話內容等安全問題的情況下，每週留5分鐘左右使用Zoom、Skype的通訊軟體互相了解對方也是一種方法）

像這樣補足非語言資訊的心思也可以減少「不知道」、「不安」的情緒。

稍微岔開話題，我以講師身分開設的講座中，曾經擔任過一個小組的引導者。組員有4位，平常各自在栃木、神奈川、長野、大阪工作。他們每週會在決定好的時間，用1小時的LINE群組會議討論專案。

進行會議時……會有人一手拿著氣泡酒、也會有人吃著零食，氣氛就是那麼的輕鬆。

不過正因為如此——

「之前看電視有聽到這樣的內容。」

「或許無關，不過我聽到很有趣的內容喔。」

「咦，是什麼內容呀？或許可以用在企劃裡！下次去東京出差，我也去一趟好了。」

乍看之下跟專案無關的話題卻激發出火花，成了相互給予靈感的時間，1小時過後，每位組員都感到血脈賁張，營造出「好！下週也要加油」的氛圍。

像這樣「輕鬆」的溝通或許也是遠距工作的訣竅。

後記　與情緒好好相處的4個祕訣

這本書寫到最後，也讓我意識到每一種情緒其實都擁有4項能與之好好相處的共通祕訣。

①知道情緒的意義與任務
②不要壓抑，而是感受情緒
③俯瞰自己所在狀況
④配合情緒給予的線索行動

回首過去，當時明明還不了解情緒卻以「憤怒」作為博士論文的我，之後也在沉迷於「情緒」的過程中經歷了這4項訣竅。

當時的自己雖然還沒有意識到，不過確實有「壓抑憤怒」的問題。「發生那種事都不生氣嗎？」就算友人這麼對我說，我還是沒有察覺。周圍的人都說我「總是很沉穩耶」，不過自己卻覺得好像做什麼事情都像是別人的事，無法認真看待。我很努力做研究、工作，旁人看起來應該會覺得很充實，不過內心總覺得，雖然沒有讓我感到很痛苦的事情、卻也沒有讓我雀躍不已的事情……就像裹著一層薄膜般地過活。

選擇憤怒作為主題後，透過閱讀文獻、論文，我了解到憤怒情緒的意義和任務。知道憤怒原來也有意義，而且具有「自己重視的事物受到傷害時，為了保護它」的任務後，讓我開始覺得「感受到憤怒也不是壞事！」。曾經根深柢固地認為「憤怒是不好的事情」、「不可以將憤怒外顯」，後來開始一點一滴地接受「覺得憤怒的自己」。即便只是如此，也讓我感受到褪去薄膜後的舒暢感，能放輕鬆地生活了。

從那之後，就算日常生活中出現令人生氣或是感到煩躁的事情，也會把憤怒視為線索，「這樣就讓自己如此生氣，是否有重要的事物被傷到了」。開始能用俯瞰的方式審視自己的狀況。也不再陷入沒來由的煩躁、討厭那樣的自己……等的混亂狀態。

開始能俯瞰自己的狀態後，以往在忍無可忍暴發出來的「在憤怒狀態下衝動行動」也減少了，開始能用不破壞關係的方法向對方傳達自己的情緒，能採取保護重要事物的行動。行動改變了，也解決了「因為自己無法控制憤怒，所以無法與人親近」的問題，開始能建構出彼此信賴的親密關係。由於能與情緒好好相處，也開始對自己有了自信。

就像這樣，對我來說了解「憤怒情緒的含意」成了大大翻轉人際關係、甚至可說是人生的契機。完全成為「情緒真的很棒！」信念的擁護者。現在自己的人生完完全全屬於自己。有認真生氣的時候、真的很失落的時候；同樣的，也會有高興到要飛起來的快樂，感受到喜悅的時刻。

「就算有強烈的情緒起伏也沒關係，它們都能成為自己的盟友」

我現在已經可以這麼看待了。

偶然的機遇下我主修心理學，並且選擇憤怒當作博士論文的題目（或許也可以說是必然），如果不是這樣，就沒有機會認識「情緒的意義」。所以我在這本書也提供了很多能讓讀者覺得「情緒能成為盟友」的線索。

如果要增加第5個祕訣，那就是「溫柔對待自己」。以我自身經驗來說，從「感到憤怒是不好的」，到「感到憤怒也無妨」，溫柔看待且接納憤怒的自己能加速變化，因為「變化是從接納最初的自己開始的」。也可以說是要對自己有自信。希望以本書作為契機，讓讀者有「原來如此！」、「我也試試看吧！」般茅塞頓開的感覺！

最後我要對研究所時期教會我情緒優點的堀越勝老師、現在還是持續指導我要重視體驗的岩壁茂老師，以及在產業精神保健方面，從研究到實作面都給予我很多指導的川上憲人老師，由衷地表達謝意。

另外，也對一整年陪在身邊擔任編輯工作的傳智之先生感激不盡。傳先生每天都會捎來這樣的訊息：

『發揮全力』看到原稿的話，我就會相信喔

歡樂星期五（Premium Friday）→進度順利日

像這種詢問進度的短信有時會讓我惶惶不安，有時則會因為原稿不如預期而感到失落，或是讓我噗哧一笑而獲得鼓勵，以及因為產生共鳴而感到快樂。過程中伴隨著很多情緒。現在這本書得以順利問世，真的讓我快樂到想飛起來。

寫於2018年櫻花盛開之際　父母所居的福岡老家客廳

關屋裕希

【日文版工作人員】

裝訂	石間　淳
封面・內文插畫	白井　匠（白井圖畫室）
內文設計・DTP	小林麻実、清水真理子（TYPEFACE）
編輯	傳　智之

別再假裝自己沒事了！

正視憤怒、悲傷、失落與不安，才能不被情緒影響生活

2019年5月1日初版第一刷發行

作　　者　關屋裕希
譯　　者　余亮誾
主　　編　楊瑞琳
特約編輯　黃琮軒
發 行 人　南部 裕
發 行 所　台灣東販股份有限公司
＜地址＞台北市南京東路4段130號2F-1
＜網址＞http://www.tohan.com.tw
郵撥帳號　1405049-4
法律顧問　蕭雄淋律師
香港發行　萬里機構出版有限公司
＜地址＞香港鰂魚涌英皇道1065號東達中心1305室
＜電話＞2564 7511
＜傳真＞2565 5539
＜電郵＞info@wanlibk.com
＜網址＞http://www.wanlibk.com
http://www.facebook.com/wanlibk

香港經銷　香港聯合書刊物流有限公司
＜地址＞香港新界大埔汀麗路36號
中華商務印刷大廈3字樓
＜電話＞2150 2100
＜傳真＞2407 3062
＜電郵＞info@suplogistics.com.hk

作 者 簡 歷

關屋裕希

臨床心理師。心理學博士。東京大學研究所醫學系研究科精神保健學領域的客座研究員。

早稻田大學第一文學部心理學專修畢業，修畢筑波大學研究所人間綜合科學研究科發達臨床心理學領域博士課程後，2012年開始於目前的機構擔任特任研究員，2015年轉任客座研究員。專業為產業精神保健（職場精神健康），主要從事運用認知行為的方式開發符合從業人員、管理監督者的壓力管理計劃。並針對壓力管理舉行不分職種與企業規模的演講、提供企業組織壓力對策相關的諮商、寫作活動。包含中小企業到大型企業、自治體、學會的論壇等等，目前舉辦的演講、研習、諮商已有3000人以上參與。

研究活動著眼在立基於科學方法且實際容易派上用場的教育計劃。具有臨床心理師的身分，並擁有在精神科診所、小學．國中．高中校園個別諮商的經驗。目前於企業健康管理室也活用以往個別諮商經驗，同時具備組織角度及個別角度的視角。

你有以下問題嗎？

★沒有很痛苦的事情，卻也沒有令你瘋狂大笑的事情
★擠不出時間享受生活，總是感到身心疲累
★明明努力付出卻沒有任何回報和成果
★有時會突然覺得空虛
★每天拚命撐著，但感覺已是有心無力
★在意周圍目光與評價，不敢放膽做真正的自己
★覺得跟不上外界的變化而感到不安
★總是被無限的死線追趕，心情煩躁又不耐煩
★對上司、同事、顧客感到憤怒，也討厭煩躁不安的自己！

情緒已經發出警號，別再欺騙自己「我過得很好」！

上書店
閱 網
Bookcity.com
ISBN 978-962-14-7015-7
9 789621 470157
聯合出版集團
HK$98.00
Published in Hong Kong
建議上架分類：職場心理
萬里網站
萬里機構 wanlibk.com
www.wanlibk.com
萬里機構出版有限公司
WAN LI BOOK COMPANY LIMITED